U0852165

雷锋精神

黄宏　程卫华　主编
韩文琦　王喆　副主编

学习出版社

关于雷锋精神实质的断想

（代序）

◇黄　宏

雷锋——一个感动了亿万中国人民的普通士兵的名字，整整50年，历史的洪流，不仅没有使他的名字隐没在滔滔浪花中，反而让岁月磨砺出更加耀眼的光辉。经过历史的沉淀，特别是30多年改革开放所引发的中国社会的巨大改变，我们可以拉开时空，来细细审视雷锋精神的本质及其时代价值，深入探究为什么它会成为中华民族历久弥深的精神财富。

一、什么是雷锋精神的本质，或者说什么是雷锋精神的核心，这就是江泽民同志所概括的“全心全意为人民服务，为了人民的事业无私奉献”

中华民族有许多可歌可泣的民族精神，自强不息、艰苦创业，“威武不能屈，富贵不能淫，贫贱不能移”，等等，塑造了千秋万代的民族魂。在争取中华民族的独立解放的历史进程中，中国共产党创造了为国家独立、民族解放而坚定信念、不怕牺牲的井冈山精神、长征精神、延安精神等革命精神；在建设社会主义的历史进程中，又创造了艰苦奋斗、独立自主、勇攀高峰的大庆精神、北大荒精神、两弹一星精神、载人航天精神等革命精神。而诞生于20世纪60年代的“雷锋精神”，则是中华民族优秀传统和中国共产党革命精神在社会主义建设时期的继承和发扬，它集中体现了我们党全心全意为人民服务的宗旨。

有一种看法，认为雷锋精神是20世纪60年代计划经济的产物，时代条件变了，雷锋精神也过时了，它必须适应市场经济的需要。从集体本位向个人本位转变，从责任本位向权利本位转变，从奉献本位向利益本位转变。更有甚者，直接把雷锋精神说成是“造神运动”的产物，是抹煞个体价值的愚昧主义、奴隶主义。对雷锋精神的认识和宣传，要不要与新的历史条件相结合，使其更有时代性，这本来是毫无疑问的。50年来，我们所处的历史条件、社会环境及社会生活确实发生了很大变化，特别是改革开放的30年，这种变化的深刻性是前所未有的，人们的价值观、道德观也都呈现出多元化的状况，改革、进取、尊重人的权利等也都纳入了我们的价值体系和道德体系，我们的思想政治工作，也改变了过去那种运动式、说教式的教育方式，学习雷锋的活动确实有了许多新的特点和内容，过去一些运动式、形式主义的做法，有了根本性的变化。任何事物，都有质的规定性，这个质的规定性决定了事物的根本属性，决定了此事物和彼事物的区别。抹煞雷锋精神“全心全意为人民服务”的本质，那就决不是我们党所大力倡导的雷锋精神，这不是什么与时俱进，而是对雷锋精神的歪曲和否定。

这些年来，在雷锋精神的宣传中，为了展现一个更加多样化、更富有生活情趣的鲜活雷锋，一些过去不太为人们注意的生活细节被挖掘出来，如雷锋热爱生活，爱照相，爱穿皮夹克，雷锋也有手表，甚至也有过恋人，这些宣传使雷锋的形象更加丰满，更加人性化，更加可信，这当然是好的，但是如果我们只在这样一些非本质的细节上着力，那就可能忽略了雷锋精神在新的时代条件下，更为重要、更为本质的一些东西。

这是需要引起我们注意的。既然 100 个人心中就可能有 100 个哈姆雷特，我们不能要求所有人学雷锋都有同样的价值标准和要求，但是雷锋并不是一个可以随意打扮，可以迎合任何一种社会时尚的小姑娘。非本质的方面要有，但不能言不及义，冲淡了为人民服务这个大主题。尤其不能有“爆冷”、炒作某种新闻的猎奇心态。雷锋精神宣传当然要更加多样化、生活化，要充分考虑改革开放以来，社会生活和人们的价值观、道德观日益多元化，人们的思想观念所表现的层次性，但多样化绝不是低俗化、庸俗化，在处理雷锋精神宣传的本质性和非本质性方面，要始终突出本质性的宣传。

二、雷锋精神的宣传和弘扬要克服过去曾经出现过的某些形式主义的表现，但形式毕竟是形式，我们不能用纠正某些形式上的偏差，来否定雷锋精神的本质内容

上海的“海派清口”，曾讽刺学雷锋中某些形式主义。“雷锋日”这一天，养老院的老人被一拨又一拨做好事的“志愿者”们一次次地洗澡；过马路的老奶奶被红领巾一次次反复搀扶着过马路。我不反对用讽刺的办法来批评某些不良的社会现象，当然对学雷锋中的某些形式主义做法，进行善意的批评也是可以的，但是不能把讽刺对向整个学雷锋活动。其实这样的形式主义纠正起来并不困难，困难的是如何使学雷锋常态化、经常化、生活化。为老人们洗澡，搀扶老奶奶过马路，并不是什么不好的事，如果在我们的日常生活中，天天、时时都能看到这些场景，学雷锋真正生活化、常态化了，那是一件多么美好的事。那就意味着我们的社会风气，已经发生了很大的改变。

我不知道究竟有多少敬老院里的老人，被一次次地洗澡，有多少老奶奶，被反复地搀扶着过马路，但我知道，这样的镜头如果在日常生活中经常自然地出现，那其实是非常温暖人心的。有时在地铁上我也会碰到几个年轻人同时给我让座，我和我周围的人都会非常感动。

事实上，经过50年学雷锋活动的开展，在学雷锋的形式上，早已有了很大的发展和变化，早已脱离了早期主要局限于“做好事”的阶段。今天的学雷锋，在形式和内容的结合上已经有了不少发展和突破，人们在支农助学、希望工程、抗震救灾、帮助困难群众等活动中，都可以看到当代雷锋群体的身影。一个反映奥运志愿者的小品，其中也有讽刺，争穿志愿者马甲，也有包袱和误会，但人们从笑声中感受到的是争当雷锋、为人民服务的喜悦和快乐，人们期盼有更多这样的雷锋式的志愿者出现在日常生活中。形式毕竟是形式，内容才是决定性的，有为人民服务这个本质，一定会产生更适合时代要求、更符合群众心理、更受到年轻人欢迎、为人民大众所喜闻乐见的雷锋式“做好事”的新形式。在雷锋的第二故乡抚顺，50年来学雷锋的活动薪火相传，他们开展了“人人学雷锋，创建文明城”、“弘扬雷锋精神，共建美好家园”活动，把老工业城市国企改革与学雷锋结合起来，形成“开放、创新、敬业、奉献”的城市精神，把学雷锋融入各项道德建设实践中，使老工业城市焕发生机，占城市人口的1/4的棚户区居民喜迁新居。要讲“做好事”，这是为广大群众做的关注民生的大好事。从扶老太太过马路，到为成千上万百姓的民生送温暖，事大事小，都反映了“为人民服务”这个不变的本质。

三、全心全意为人民服务的本质，决定了雷锋精神的宣传必须拒绝一切人为拔高的造神式宣传，但是，我们倡导的广泛性、群众性和人性化，决不意味着降低道德要求的崇高性，决不意味着低俗化和庸俗化

雷锋所做的一切好事，都强调“这是我应该做的”，正是雷锋把一切的伟大和崇高都寓于点点滴滴的平凡之中，人人都感到雷锋就在我们身边，就在我们之中，可亲可信，可敬可学，人人可以学雷锋，人人可以成雷锋。这才使学习雷锋有了最广泛的基础。我们要努力使学雷锋活动生活化、常态化，关心群众的切身利益，帮助他们排忧解难，哪怕这不过是身边琐事，也“泰山不辞细壤，江河不择细流”，使每个人都能感觉雷锋所说的那种“春天般的温暖”。

有一种看法认为，现在是市场经济，“学雷锋”强调的是“单向付出”，“忽视利益双赢与价值回流”，所以是无法坚持长久的。他们主张把人还原为“自然人”、“经济人”，或者说按西方经济学的基本假设，把人类全部抽象为“理性的经济人”，一切按市场经济“等价交换”原则办。据说这才是尊重经济规律和自然规律，否则就是“造神”和极“左”，是违背人的本性的“乌托邦”，是“不能持久的”。市场经济在整个人类历史发展中不过几百年，人不仅是市场里的“经济人”、“自然人”，而首先他是一个社会人。脱离了社会的人，那就成了普通的动物。而社会是要靠道德和各种社会规范来维系的。古今中外，任何一个社会都鼓励利他主义的社会道德，即使实行资本主义的美国，宣扬美国价值观的《拯救大兵瑞恩》，也不是用“等价交换”来评价社会规范的。因为任何一个社会，如果都陷入极端的个人本位主义，那只能是这个社会的毁灭。为多数人的利益而奉献和牺牲的人，在任何时候、任何社会，都会受到人们的尊敬。在广东“小悦悦事件”中，18个没有伸出援助之手、以冷漠态度把自己置身度外的人，受到了社会舆论的谴责，这是完全应该的。这个现象也充分说明了呼唤雷锋精神的必要。人类总是向往崇高，尊重崇高，学习雷锋，学习他“全心全意为人民服务的精神”，就是在张扬崇高。这个活动要有广泛的群众性，不能搞人为的拔高，把雷锋弄成不食人间烟火的神仙，可望而不可即。这些年，让雷锋精神走进百姓的日常生活，人们进行了多方面的探索，有许多创新的形式。崇高不是高居于群众之上，俯视芸芸众生，而是要从平凡中升华出脱离平庸的精神来，它来自平凡，又高于平凡。我们要始终把握学习雷锋活动自身的崇高性，始终要站在一个道德的高点上，而不能为迎合某些社会时尚，而将学雷锋庸俗化、低俗化。有的人把注意力太多地集中在雷锋戴手表，爱照相，穿皮夹克，演绎出不少故事，甚至搞出一个雷锋的姐弟恋，这种迎合社会猎奇心理的低俗化的做法是不足取的。

有的人强调雷锋精神是一个特定历史条件的产物，刚刚经过 20 世纪 60 年代的三年困难时期，党和社会需要一种能够动员群众、凝聚人心的偶像，雷锋就是在这样一种特定的历史条件下产生的。处在改革开放、世界日益全球化的今天，雷锋已不再具有典型性、代表性。当然，由于历史条件和生活环境的不同，我们对雷锋精神的某些特定内容和学习方式要与时俱进，有所侧重和选择，注入新的时代内容，使之更加贴近时代、贴近群众。一切依时间、条件、地点为转移，这正是马克思主义的绝对要求，雷锋精神原有的某些内容和某些学习方式，确实是与特定历史条件相关联的，带有那个时代的鲜明印记，不具有永恒的性质，当然要依据新的历史条件来扬弃。但是雷锋精神本质的内涵，全心全意为人民服务这个核心，是永远不能丢弃的。雷锋说，他要“把有限的生命，投入到无限的为人民服务之中去”。这个有限和无限的关系，其实也就是阐明了雷锋精神相对和绝对的关系，是有相对性，更有绝对性。有的人讲，雷锋要做“一颗永不生锈的螺丝钉”，这是抹煞个体价值的“侏儒主义”和“奴隶主义”，是蒙昧哲学，我们不能用今天的眼光去裁判过去的事物，在中国人民争取自身解放奋斗过程中，我们强调集体主义，强调奋斗精神和牺牲自我并没有错，正是这样一种奋斗和精神，带来了社会的解放，并为人的自身解放创造了前提，即使在今天，在新的历史条件下，我们更加重视个体的价值和权利，强调关注人的生存权、发展权和各种民主权利，也丝毫不应否定那样一种忠于本职工作，干一行、爱一行的“螺丝钉”精神。与时俱进是一种扬弃，而不是抛弃。我们更要看到雷锋精神所倡导的“无限的为人民服务”，蕴涵着一种超越时空、具有永恒性质的大爱，只要人类社会，包括在这个星球上，还有种种的不平和无助，还有社会的底层和弱势，雷锋精神就具有永恒的性质。

学习雷锋的常态化、生活化，要鼓励人们在实践和生活中感受雷锋、学习雷锋、实践雷锋。2009 年我向北京大中学生赠送我主编的弘扬革命精神丛书中的《奥运精神》和《抗震救灾精神》，北师大的学生在座谈中就动情地谈到，他们参与汶川抗震救灾时，在灾区被那种群体性的雷锋精神所深深感动，他们认为这种感动将会对他们的一生，对他们的价值观选择产生决定性的影响，道德升华离不开情感体验。

雷锋向我们发问：“如果你是一滴水，你是否滋润了一寸土地？如果你是一线阳光，你是否照亮了一份黑暗？如果你是一颗粮食，你是否哺育了有用的生命？如果你是一颗最小的螺丝钉，你是否永远守在你生活的岗位上？如果你要告诉我们什么思想，你是否在日夜宣扬那最美丽的理想？你既然活着，你又是否为了未来的人类生活付出你的劳动，使世界一天天变得更美丽？”我想，这些问题不仅是对我们，而且是对世界、对人类、对未来，在作灵魂的拷问，这就是人类共同需要的“终极关怀”，这就是雷锋精神跨国界、跨时空的超越，这就是雷锋精神的永恒！

目录

前言

2012年，一名普通战士的名字出现在庄严的党的十八大报告中："深化群众性精神文明创建活动，广泛开展志愿服务，推动学雷锋活动、学习宣传道德模范常态化。"

一个只有22年短暂生命的普通共产党员，能够赢得党和人民如此崇高和长久的敬意；一个普通的战士所表现的高贵品质，能够激励几代人的健康成长，这表明雷锋及雷锋精神对于我们这个民族、这个社会过去具有、现在仍然具有重大价值和时代意义。

当我们将目光回溯就会发现，雷锋从未被遗忘：

1963年，共和国领袖毛泽东主席亲笔题词"向雷锋同志学习"。毛泽东一生只给三个人题过词——白求恩、刘胡兰和雷锋，而新中国成立以后，只有雷锋这一普通士兵获此殊荣。

1977年，再次站在中国政治舞台的邓小平，又一次讲到雷锋，同年3月5日，《人民日报》、《红旗》杂志、《解放军报》联合发表了《向雷锋同志学习》的社论。

1990年，面对复杂的国内外形势，江泽民同志再次把雷锋的旗帜高高举起，并为雷锋题词：“学习雷锋同志，弘扬雷锋精神。”

胡锦涛在纪念毛泽东等老一辈革命家为雷锋同志题词30周年大会上的讲话中则鲜明指出：“雷锋这个光辉的名字和他崇高的精神品格，在历史发展中始终焕发着光彩。”

……

当我们将目光放宽就会发现，“雷锋”从未离去：

雷锋牺牲后，刘英俊把“向雷锋同志学习”的题词，写在了自己的日记中。当群众生命面临危险时，他毅然选择了人生的最后一个角色——“群众生命的守护员”。

“新时代的活雷锋”张子祥，一个学雷锋的模范，一个播撒雷锋精神的耕耘者。无论他走到哪里，就把好事做到哪里，就把雷锋精神带到哪里。从他的手里，更多的人接过雷锋精神的火炬。

“当代雷锋”郭明义，和雷锋一样，都在鞍钢工作过，都当过汽车兵，都曾被人称为“傻子”……他捐的钱送去了温暖，他捐的血流淌着大爱，他在平凡的坚持中，把雷锋精神带到了我们每一个人的心田。

对雷锋精神的传承，不仅仅是一个个鲜活的人，还有那些一个个先进的团体，从“雷锋团”到“雷锋车”，他们以雷锋为榜样，用雷锋来命名。当时间的车轮跨入新世纪，一个开放的、包容的、和谐的中国社会正在形成，在这一过程中，志愿者群体用爱心、自愿、奉献实践和诠释了新时期雷锋精神，他们成为了21世纪的新“雷锋”。

……

时间的流逝是无情的，但时间总能磨砺出真理的光辉和人性的光芒。超越时间和空间的局限，雷锋和雷锋精神非但没有随着时代的发展而沉寂，反而随着社会的进步而愈显精神的永恒、传承与弘扬。

让我们再一次走进雷锋的世界，去发现一个更加生动鲜活的雷锋、一个更具有生活情趣的雷锋、一个更富于人文精神的雷锋、一个在平凡中铸造了伟大的雷锋。

让我们再一次凝视雷锋精神，去探寻它形成的过程，去发掘它精神的内核，去勾勒它传承的轨迹，去感受它时代的升华。

美丽中国的精神家园中，雷锋之花将永远盛开、馨香四溢!

第一章 缅怀雷锋

20 世纪 90 年代的中国，李峰威，一个退伍军人，怀揣着自己的梦想来到北京。他没有名牌大学的学历，没有通晓几国外语的能力，在人才济济的北京，他应聘的脚步走得虽然坚定，但仍不免有些忐忑……连他自己都没有想到，在众多高学历竞聘者中他竟然脱颖而出，被一家韩资企业聘用。被聘用的原因只有一个，而且简单得令人惊讶——

李峰威后来回忆当时的情形，他没有想到，那个对中国文化并不太了解，中文也不是很流利的韩资老板会执著地认为，“我们聘用员工首先要用一个好人，其次才是他的能力。如果没有一个好的人品，能力再强我们也不要。我听说雷锋是个好人，‘雷锋班’的战士也差不了！”于是，这个名不见经传、平凡得不能再平凡的退伍军人就因为曾经是“雷锋班”的战士，而被留在了公司。

曾经是“雷锋班”的战士，这个聘用李峰威的理由让他惊讶，让他温暖，更让他坚定了自己的信念！李峰威没有辜负老板对他的期望，更没有辜负“雷锋班战士”的称号。凭借着对诚实做人信念的坚守和坚持不懈的勤奋，不久他被提升为这家韩资企业的一名部门主管。

……

雷锋是个名字吗？他已不再是一个单纯的名字，而是一个代表承诺，代表信任，代表人与人之间温暖沟通的称号。

雷锋是谁？他拥有怎样的无与伦比的操行，这操行的力量竟然如此神奇，如此强大，完全超越了种族和制度的界限，让一位外国人如此折服信赖！

在英雄离开我们50年后的今天，让我们凝神静思，穿越时空，去回望那个把生命定格在22岁的中国军人，却把精神永远留驻的不朽偶像。

……

本该在父母怀里撒娇的孩子，不到7岁就变成了孤儿。在那个战火纷飞的黑暗岁月里，穿得破烂不堪的“庚伢子”，打着一双赤脚，拿着一个破碗，背着一个黑布袋，一家一家地哀求着，“爷爷，奶奶，伯伯，婶婶行行好吧！给一点吃的吧！”那凄楚的声音，那饥饿的目光，那黑乎乎枯瘦如柴的小手，令人心酸泪流。

1940年12月18日，在湖南省长沙市西郊一个普通的村落——望城县简家塘（今雷锋镇），一个小男娃出生在一个贫苦农民家庭。因为这一年是农历庚辰年，因此父母给他取了个乳名叫“庚伢子”，男娃的叔祖给他取了个正式名字——雷正兴。此时，那对饱受盘剥的穷苦夫妇一定不会想到，他们瘦弱的“庚伢子”竟会成长为令世人景仰的雷锋。

1940年，雷锋出生的这一年，是中国近现代史上苦难深重的一年。随着日本军队对中国侵略的进一步加深，中国北方大部分国土已沦入日军之手，雷锋的家乡长沙以及附近地区，俨然已经成为中国抵抗日本侵略者的作战前线。日本军队为了打通贯穿南北的“大陆交通线”，

1939—1944年，在长沙与中国军队进行了史称“长沙会战”的惨烈战役。本已被地主剥削压榨的中国百姓又不得不承受外侮的蹂躏……而上天似乎觉得长沙的老百姓经历的磨难还不够，于是，一场特大旱灾也在这一年降临长沙。灼热的阳光在大地上肆虐着，不放过任何一个角落，仿佛对这世界上的最后一滴水都在进行着无情地追逐……

这样一个内忧外困的年代，雷锋的出生并没有给早已不堪重负的雷家带来一点点欢乐与转机，而陪伴童年雷锋的也只有无尽的艰辛与苦难……

后来，雷锋在他的忆苦思甜报告中，无数次谈到过这段为后人熟知的历史——

> 我叫雷锋，生于1940年12月18日，家住在湖南省湘潭专区望城县，家有五口人，爸爸、妈妈、哥哥、弟弟和我。
>
> 黑暗的旧社会是一个吃人的社会，穷人只能给富人当牛当马，过着非人的苦日子。我家祖辈三代都是给地主做长工，维持一家半饱的生活，我爸爸给唐地主做长工时，连一家半饱的生活也维持不住。到了荒年腊月，好久还看不到一粒米下锅。我哥哥常常带着我出去要饭，看到富人就央求他们老爷太太给点吃的，要是碰上有钱人家做喜事，就讨点剩饭、剩菜吃，看到桌上的饭菜也用手扫了起来，装在一个要饭的破布兜里，留着下顿吃，要是离家近一点，就送回家去，给小弟弟吃。
>
> 我妈妈怕养活不了我那幼小的弟弟，想把他卖给有钱的人家，我爸爸心如刀割，坚决不让。他泪汪汪地说：“我们全家死也要死在一起，绝不能把他卖了。”我爸爸被逼得没法，只好把睡的床铺抬出去卖了，在地上砌几块土砖，取下房门板，搭着睡觉。

我们住的一间破草房子，屋顶露着天，后墙倒塌，要是天下雨，外面下大的，屋里就下小的，我妈怕雨淋湿了我的脑袋，拿着一个破脸盆罩在我的头上，又怕冻着我，拿破烂麻袋系在我的背上。冬天冻得没法，只好拿几捆稻草，堵住风雪，冷得实在不行了，全家人紧紧地挤在一起，又拿上几捆稻草盖上。终年辛勤劳动，全家五口有米不够半年吃。

抗日战争时期，日本鬼子侵略我国，残酷地屠杀人民；地主、资本家血腥地统治、压迫和剥削人民，劳苦人民无法生活。我爸爸参加过共产党所领导的抗日斗争，1945 年被日本鬼子抓住，惨遭毒打，吐血屙血而死。全家无法生活，我 12 岁的哥哥到离家几百里的津市一个机械厂当徒工，经过资本家一年左右的折磨，得了童子痨（肺病）。一天，昏倒在机器旁，轧伤了胳膊，轧断了手指，资本家看他再无油水可榨，便把他赶出了工厂。回家后伤势稍好，又到荣湾市学皮匠，学印染。由于劳累过度，病情恶化，死于 1946 年春。

我和妈弟三人，只好上街讨吃，我那幼小的弟弟受不住那种生活的折磨，活活饿死在母亲怀里。可恨的唐地主，逼迫我妈到他家做女工，我也跟着去了，我妈给他家喂奶带小孩子，给小孩洗屎洗尿，给少奶奶倒马桶。我给他家扫地，抹桌凳。后来妈妈被唐地主凌辱，我妈被逼得上天无路，入地无门，在 1947 年 8 月中旬的一天晚上自杀。那天晚上，她泪汪汪地对我说："苦命的孩子，妈妈不能和你在一起了，靠天保佑，你要自长成人。"她脱下自己的一件衣服披在我的身上，叫我到六叔祖母家去睡，我走后，她就上吊了，和我永别了！

……

本该在父母怀里撒娇的孩子，不到7岁就变成了一个孤儿。这种悲惨的经历怎能不让人动容、落泪？后来的日子里，每每雷锋的忆苦思甜报告讲到此处，报告会的现场总会淹没在一片啜泣呜咽声中。

这个小小的孤儿惹起了并不宽裕的乡亲们的怜爱。谁能忍心看着这么个可怜的小人儿饿死、冻死呢。于是东家有饭给一口，西家有衣给一件……小雷锋在大家的关爱中艰难度日。穷人的孩子早当家，小雷锋过早地脱去了同龄孩子的稚嫩，显现出了和他年龄不相当的成熟。懂事的他也会尽自己所能地寻找活路。

望城县安庆乡的乡长彭德茂曾经回忆过小雷锋那悲苦的童年生活——雷锋常常上山砍柴、放牛，可是，当地的柴山全都被地主霸占了，不许穷人去砍柴。有一天雷锋到蛇形山砍柴，被徐家地主婆看见了，这个地主婆指着雷锋破口大骂，要雷锋把柴运到她家，并抢走了柴刀。雷锋哭喊着要夺回砍柴刀，可那地主婆竟举起柴刀恶狠狠地在雷锋的左手背上连砍三刀，鲜血顺着手指滴落在山路上……

乡亲们虽然很心疼小雷锋，可是连年的战火使本来就在生死线上苦苦挣扎的老百姓日益艰难，对于可怜的小雷锋的帮助真的是心有余而力不足了。于是，有人介绍小雷锋去地主家做工。本来想着去地主家做工能养活自己，可是从踏进地主家大门那一刻起，小雷锋就开始了噩梦般的生活。

一个农民介绍我到地主家看猪，每天看十头猪，要给猪洗澡，晚上没有地方睡，有时还要同猪睡。有一天扫猪栏扫得不干净，地主卡着我的脖子打。过年地主吃鱼吃肉，把肉喂狗，我也想吃点，我捡了喂狗的肉吃，被狗腿子揪着耳朵，揪出了血，我哭了，地主把我往外面拖，不给我饭吃。我的一个同伴很同情我，但也没有办法，就装了点猪食给我吃。

有一天是八月十五，天已经黑了，地主要我到六里外去打酒。到酒店，店主已经睡觉了，喊门叫不开，我就哭起来，他们才开门。我一天没吃饭，在回来的路上走不动了，跌了跤，把酒也洒了些。回来时地主还坐在床上等酒吃呢，一进门就说我回来晚了，打了我几个耳光。又说酒不够，问哪里去了，我说洒了点，他怪我把钱买糖吃了，一拳就打在我的鼻子上，出血了，一脚又把我踢在地上。当晚不给我饭吃，我没有办法，就到屋后挖了两个地瓜吃，又被地主婆打了一顿耳光。

1947年在地主家看猪，一天我用小罐子煮了点野菜，煮好了正准备吃，被地主家的一只猫剐倒了，狗又跑来吃了我的菜。我就打了狗，狗也咬了我，被地主婆看到了，她说打狗欺主，要打死我，还骂道："这样的穷鬼打死十个少五双，死一个少一个！"多亏毛奶奶说情，才没有打死我。第二天地主把我赶出来，我没有办法，在破庙里住了几天，只得吃野果山枣。解放后，我看了《白毛女》电影以后，心里非常痛，在吃人的旧社会里像我这样的人很多，都被搞得妻离子散、家破人亡。我一定革命到底，不消灭反动派决不甘心。

这段痛苦的生活，梦魇般的记忆深深地铭刻在雷锋的脑海里，永远挥之不去！这也是雷锋对党、对新中国感情至深的深厚的阶级基础。

从地主家被赶出来后，为了生存，懂事的小雷锋就开始了流浪乞讨的日子。1948年一开春，在望城县周围的十里八村，就又多了一个穿得破烂不堪的流浪儿。

有一次，可怜的小雷锋东一家西一家地讨了一整天，也没有讨到什么吃的东西。饥饿难忍的雷锋两腿打颤，虚汗直淌。他壮起胆子向一扇朱红大门走去，还没等他喊开门，一条恶狗就窜了过来，对着小雷锋狂叫不止，吓得他一边用木棍打一边跑。这时地主婆从屋里走出来，看见小雷锋用木棍打她的狗，便破口大骂：“你这小叫花子，好大的胆……”说着便唆使狗咬雷锋，小雷锋哪里躲得过，恶狗猛扑过来，一口咬住了雷锋的大腿，顿时鲜血直流。小雷锋疼痛难忍，大哭起来……

也不知在外流浪了多久，一天，小雷锋终于回“家”了。他老远就喊：“叔祖母！”叔祖母赶紧从屋里奔出来：“是庚伢子回来了吧？”叔祖母仔细一看，见小雷锋瘦得不成人样，身上又脏又臭，叔祖母一阵心酸，一把搂住小雷锋的头，泣不成声地说：“伢子，你再莫去讨饭了，我们喝粥多放一碗水，有叔祖母在，就不会把你饿死的。”听了叔祖母的话，年仅 8 岁的小雷锋在外受的苦难和委屈一下涌上心头，他扑在叔祖母的怀里大声地痛哭起来。

由于童年经常挨饿，雷锋小小年纪就得了胃病，营养不良，身高、体重都不及同龄人。

“小兄弟们呀，小姐妹们呀，拿起刀枪参加红军……”

“红星闪闪放光彩，红星灿灿暖胸怀，跟着毛主席，跟着党，闪闪的红星照万代……”

这两首亿万中国人朗朗上口的歌曲，分别是我们熟知的电影《红孩子》和《闪闪的红星》的主题歌。我们都不会忘记电影中塑造的，在几代人心中留下深刻印象的苏保、潘冬子等“苏区小红军”的经典形象。雷锋也曾经和他们一样。

1949 年 8 月，雷锋的家乡获得了解放。雷锋生命中的春天到来了，旧社会带给他的苦难像春日下的残雪消失殆尽，小雷锋感觉自己就像逢春的万物，生机盎然，浑身有使不完的劲儿。雷锋参加了儿童团，还当上了儿童团长。那个曾经衣不蔽体、食不果腹的“小乞丐”，每天都扛着红缨枪，在村子里站岗放哨，斗争地主。小雷锋和苏保、潘冬子所处的历史时代虽然不一样，但他们的信念是共同的，那就是他们都不惜用自己的力量，甚至生命保卫这来之不易的无产阶级红色政权！这是他们自己的政权，他们自己无限热爱的政权。

新中国成立后，雷锋的生活发生了翻天覆地的变化。两种不同社会制度下天壤之别的不同生活，使雷锋深深感恩于共产党和新中国。同时，在他幼小心灵的深处也铭记下对一切与新中国对立的反动阶级和万恶旧社会的刻骨铭心的仇恨。他常说："我母亲死时我还只有 7 岁，旧社会使我无法活下去。在那吃人的社会里，三大敌人压得我简直没法活命，那些仇恨我一定不能忘记，我要报仇。"这段旧社会的痛苦经历，是雷锋一生表现出的对中国共产党和伟大领袖的无比热爱，对共产主义信仰的执著坚守的最好诠释，也是最具说服力的理由。

新中国建立伊始，雷锋尚不满10岁，其人生观、世界观仍属一片空白。因此，他和"新中国"那个时代树立的样板人物一样，从识字起，就开始接受共产主义教育，成为"生在旧社会，长在红旗下"的典型人物。

1950 年夏，安庆乡政府决定送雷锋去读小学，这是一个免费的受教育机会。雷锋就读的第一所学校是回龙塘小学，入学的那天，乡长彭德茂亲自把这个被旧社会变成孤儿的孩子送进了中国共产党办的学校。

雷锋家住的简家塘，离学校很远，足有 10 里。每天起早摸黑，来回要步行 20 多里路，放学回到家里，烧饭、洗衣等家务都要自己动手。虽然生活依然辛苦，但雷锋心里总是暖洋洋的，脸上常挂着喜人的笑。因为当时新中国成立伊始小学很少，而且条件很差，有的学校只开办小学一二年级，有的只开办三四年级，为了读完小学六年级，雷锋一共换了 5 次学校。1954 年，雷锋考上了清水塘完小五年级。那时的望城，方圆几十里只有一所完全小学，像雷锋这种考上高小的人，就相当于乡里的"知识分子"了。

新中国的成立，使雷锋过上了阳光灿烂的日子。幸福虽然来得晚了些，但却那么令人激动。本来雷锋就是个活泼快乐的人，在那个人人激情迸发的时代，他更是以百倍、千倍的热情去爱这个给予了他新生的新社会。他浑身好像总有使不完的劲儿。

小学的同学们给雷锋起了一个外号——“浮头鱼”。这得名于他开朗、活泼的性格。学校里组织的跳舞、学普通话、演讲比赛、打球、上台献花、政治学习等各种活动都能见到他的身影。可以说，只要学校有活动，就永远少不了勤奋上进的“庚伢子”。因此，同学们就形象地把他比喻成“浮头鱼”。

上小学时，爱动脑筋的雷锋还喜欢动手制作一些东西，期望能在集体活动中积极贡献自己的力量。他学过如何在木头上刻章等活动。不过，最值得一提的，还是他积极主动要求参加学校组织的研制矿石收音机攻关小组。研制收音机需要经费，雷锋知道后，就到处借钱，后来成为小组中捐款最多的学生；在没有图纸资料和零配件的情况下，他又和伙伴一块儿步行 60 多里路，赶到长沙参观学习；在攻关遇到困难的时候，他又积极出谋划策，鼓励大家想办法克服……最终，功夫不负有心人，攻关小组的作品——矿石收音机——一个可以直接听到毛主席声音的“伟大”成果，作为向七一党的生日献礼的礼物，被雷锋捧上了大礼堂的舞台。

在雷锋成为全中国学习的榜样后，有关部门对他的家庭背景材料也进行了详细的整理。从所有的材料我们不难看出，按照新中国当时通行的说法，雷锋出生于一个彻底的无产阶级家庭，他的出身“根红苗正”，有着苦难的家史，是一个值得信赖的新中国未来的主人。

1953 年 6 月，“中国少年儿童队”正式更名为“中国少年先锋队”，1954 年 6 月 1 日公布了正式的《中国少年先锋队队章》。雷锋就是在这一年光荣地加入了中国少年先锋队组织，成为新中国的第一代少年先锋队队员。脖子上戴着红艳艳的红领巾，令雷锋非常兴奋，这让他在其他同学中显得非常特别。因为，不要说在偏僻的农村，就是在当时的大城市里，也还有很多儿童并不了解红领巾的意义与象征。

1955 年上学期，雷锋转到离家较近的荷叶坝完小（今雷锋学校）。当时这所小学还没有建立少先队组织，他想到自己是这所学校唯一的少先队员，各方面应该做得更好，真正起到一个少先队员的模范作用。每天，雷锋都比别的同学早到校，提着水桶到塘边打水，把黑板、桌凳擦得干干净净，然后又给校园的花坛浇水、拔草。同学们称赞说：真不愧是个戴红领巾的学生！不久，荷叶坝小学也建立了少先队组织。雷锋被选为大队委员，担任旗手。

六一儿童节到了，学校少先队组织外出过队日，雷锋高举队旗走在队伍前面，不巧途中下雨，他唯恐“用革命先烈鲜血染成的”队旗被淋湿，便急忙脱下衣服包住队旗。他们步行几十里，来到毛泽东早期革命活动纪念地——长沙岳麓山上的“爱晚亭”，接着又到了湖南烈士公园。在这里，雷锋情不自禁地朗诵起他心爱的诗句：

我们新中国的儿童，
我们新少年的先锋，
团结起来，
继承着我们的父兄，
不怕艰难，不怕担子重，
为了新中国的建设而奋斗，
学习伟大的领袖毛泽东！
……

然而，小学时期的雷锋也并不是十全十美的，比如他的学习成绩并不名列前茅。1990 年出版过一本名叫《雷锋新论》的书，作者经过考证认为：雷锋上学比较晚，已经错过了智力开发的黄金时期，因此学习十分吃力，成绩总是不够理想。但是，凡是教过雷锋的老师都回忆说，“雷锋学习很用功”。也许，著名的雷锋的“钉子”精神，就应该源于他从小拥有的这股韧劲吧。

雷锋成名后，他在小学时的一些好人好事也被挖掘出来，诸如：在学校门前的荷叶坝上有条又长又窄的石板桥，每逢刮风下雨，桥下水大流急，有些同学不敢过，每当这时，雷锋都主动到石板桥边接送同学，他总是把年幼的同学一个一个背过桥去；有一次，雷锋去上学，路上看见一位双目失明的老人在山坡上摸索着砍柴，突然脚踩空了，摔倒在地，就急忙上前扶起这位老人，从此经常利用课余时间帮助老人砍柴、担水；在1951年抗美援朝的捐献活动中，雷锋捐出了自己的两角压岁钱……

无论这些事是真实的，还是虚构的，实际上我们已经看到了一个旧制度下的流浪儿蜕变为中国共产党领导下的新社会的少先队员，并深刻地感受到他对这个社会发自内心的浓浓的爱。这就足够了。

在小学毕业典礼上，雷锋作为优秀学生代表上台发言：“我小学毕业了，将来，我要响应党的号召当一名新式农民，驾驶拖拉机耕耘祖国大地；将来，如果祖国需要，我就去做个好工人建设祖国；将来，如果祖国需要，我就去参军做个好战士，拿起枪用生命和鲜血保卫祖国，做人类英雄。同学们，让我们在不同的岗位上竞赛吧！”可能，雷锋自己也不会想到，这个充满激情的毕业发言竟真的印证了他之后的人生之路。

在生机勃勃的新中国，雷锋作为新中国的主人翁，心中有个朴素的信念：即使是“杂活”，为地主家做和为公家做，那是截然不同的。为公家做，说是为自己干事，就应该多干点儿……尤其值得一提的是，在20世纪50年代，在《毛泽东选集》并不多见的时代，激情燃烧的雷锋已经开始研读《毛泽东选集》了。

1956年，在看似平静的中国农村，其实也已悄悄发生了前所未有的变化：中国农村正处在社会主义改造的大变革时期，到这一年年底，农业、手工业的社会主义改造已经基本实现。当时国家的政策是“以农业为本”，农业合作社成立之后，国家号召具有高等小学文化程度的学生直接下到农村去，支援社会主义新农村的建设。当时有部纪录片中这样描述社会主义的新农村：“每片平原，每座高原，每个旧日的穷乡僻壤，现在都欢腾起来了，千条川万条河汇向大海，五万万农民迈着大步奔向社会主义社会，幸福生活的种子已经深深地埋在全中国的无边无际的大地上。”

当年的《人民画报》隆重刊登了女拖拉机手王梅芬的故事。两年前，张庆村16岁的王梅芬高小毕业，家境贫寒的她回到家乡种地，后来被培养成为优秀的女拖拉机手。湖南省报《新湖南报》曾在头版发表《向冯健同志学习》的文章。冯健是个要求进步的女青年，高小毕业后回到农村养猪，被评为省里的养猪模范……在国家的宣传下，农村显然已经成为有志青年大显身手的广阔天地。这些有血有肉的先进人物的事迹，不可能不引起好学上进的雷锋的注意。

恰逢此时，雷锋家所在的农村也是春潮涌动、春雷滚滚。雷锋所在的安庆乡政府发出了迫切希望一批高小毕业生回乡参加农业生产的号召。据乡长彭德茂回忆说，“当时乡里的五个生产队，只有一个人能读报纸，但还是个富农的儿子，找一个记工员和队会计都十分困难。”在那个特殊的年代里，人们意识中只有贫农出身而又稍懂文化的人，才能算上真正的人才。

于是，为了响应党和国家回乡务农的号召，初踏社会的雷锋即顺应政治潮流，成为当时千千万万回到农村的年轻人中的一个。与20世纪六七十年代的“上山下乡”不同，那时的农民挺扬眉吐气的。但是，无论如何农村各方面的条件都无法和城市相提并论，所以，雷锋主动要求“回乡当农民”的行为，在当地还是备受瞩目，甚至引起了小小的轰动。加之其对工作一腔热情，积极主动的做事风格，使得他始终在同龄人中显得非常突出。从此，在望城这个并不起眼的小县城，雷锋一直都是人们眼中思想积极、领先潮流的代名词。

1956年7—9月，雷锋在生产队当了近3个月的秋征助理员，负责征收公粮工作。雷锋怀着对工作极大的热情，凭着一股子韧劲儿，很快就在人群中凸显出来。不久，他就被当初送他去小学读书的彭德茂乡长“慧眼识珠”，调到乡政府做了一名全天候的通讯员。通讯员的工作就是送信、传话、接待客人、泡茶、打扫卫生……即便是当地农民找乡长，也都需要通过雷锋传达。

雷锋的性格机灵可爱，做事又认真踏实。所有这些条件使得他能够获得许多同龄人所没有的、能够改变自身命运的机会。就当他在望城乡政府仅仅工作了两个月后，一个偶然的机会，雷锋的命运发生了一次重大的转变。

这一年的8月，一位女同志来到了望城乡政府办公室。这个女同志可不是一个普通的农家妇女，而是当时县委组织部干事黄菊芳。由于县委机关的一名通讯员参军去了，需要增补一人来顶替他的工作，所以县委派她到各个乡去物色人选。可是，黄菊芳跑了好几个地方，也见了好多人，但一直都没有可心的人选。

这一天，黄菊芳来到雷锋工作的安庆乡政府。恰巧彭德茂乡长不在，通讯员雷锋义不容辞地承担了接待她的任务。雷锋热情、礼貌地请她坐下，又给她倒了杯水，然后就去继续和桌子边的几个青年登记《秋征花名册》。笑容可掬、机灵健谈的雷锋引起了黄菊芳的注意。于是，黄菊芳有意地和他攀谈起来。她发现眼前这个小伙子热情、健谈、机灵、礼貌……真的是一个不错的人选，不觉间多日奔波带来的疲惫感一扫而光。雷锋的机智幽默使他们的谈话非常愉悦，但在讲到家庭情况时，雷锋的笑容消失了，默不作声，非常伤心。良久，雷锋告诉黄菊芳，他是一个孤儿，是共产党、毛主席给了他一切。“旧社会的苦是我们的阶级苦，我要时时记住这血泪深仇。”雷锋告诉黄菊芳，为了牢记这血海深仇，不忘共产党毛主席的恩情，他把自己的苦难家史写成了一本小册子。黄菊芳很感兴趣，要雷锋拿给她看。

那是一本用红纸折的共 8 页的夹页子，长约 6 寸，宽约 3 寸多，封面上用毛笔中楷直书“苦难的家史，我的理想”作为题目。“苦难的家史”部分写的是“旧社会”怎样夺去了他家 4 条人命，把他变成一个孤儿，以及他所遭受的无尽的苦难；“我的理想”部分则写自己在新中国成立后得到毛主席、共产党给予的关怀，孤儿如何过上了好日子，免费上了学。在这部分雷锋还立志要向黄继光、董存瑞、刘胡兰、赵一曼学习，愿意到最艰苦的地方去锻炼、工作，以报答毛主席和共产党的恩情。

这本小册子深深打动了黄菊芳。黄菊芳当即觉得雷锋就是她要找的人。他不仅在工作中机灵、认真，而且是那么炽烈地热爱着我们这个年轻的新中国。第二天一大早黄菊芳把雷锋找来，问他是否愿意到县里工作，雷锋当即表达了自己愿意去县里参加革命工作的愿望，并请求黄菊芳为他做推荐。

黄菊芳回到县委后，就向县委书记张兴玉汇报了雷锋的详细情况。她太喜欢这个小伙子了，以至于在没有得到县委书记的明确回答时，她仍然执著地推荐雷锋。她觉得如果雷锋不合适做通讯员的话，还可以介绍他到县印刷厂去当工人。黄菊芳认为，雷锋无论是做通讯员，还是做工人，都会很出色。

县委书记张兴玉决定试用这个被黄菊芳极力举荐的小伙子。1956 年

11月17日，雷锋身着蓝衣青裤，穿了一双力士鞋，挑着一个小木箱和一床破旧被子，来到望城县委机关报到，成为一个中国行政级别最低的公务员。

热情、勤快、好奇——这是雷锋留给望城县委机关工作人员的印象。

当时望城县委机关坐落在高塘岭一片荒山上，周围没有高楼，没有公路，更没有像样的工厂，树木也没长起来。当时经常在县委机关的人只有三十几个人，来了一个新同事，大家很快就都知道了。况且，雷锋生性活泼开朗，没过几天就和大家熟络起来。

据当时的宣传部干事李仲凡回忆：“雷锋的个子不高，一脸孩子气，很引人注目。他由乡下来到县城，而且进了县委机关，第一次遇到这么大的场面，陌生、新鲜，也很好奇，他到每个房子的门口都望望，把电话机、油印机、自行车等很少见到的东西仔细地看了个够，不时跟大家问问……很快就跟大家都搞熟了。”

在望城县做公务员的那段日子里，雷锋依然是个闲不住的人。他总是手脚不停地忙个没完，在他眼里处处都是活。当人们让他少干点活，注意休息的时候，雷锋总是乐呵呵地说：“干这些小事累不着，现在干的这些活比起在地主家干的，已经少很多了。”

雷锋心里有个信念：“现在我是为自己干事，就应该多干点。”虽然都是做杂活，但为地主家做和为公家做，在雷锋的眼里是截然不同的。亲爱的读者，请你想一想，雷锋不满7岁就成了孤儿，是毛主席、是共产党、是伟大的新中国，给了他眼前的这一切，使一个四处流浪乞讨的“小乞丐”变成一个有尊严的共和国主人翁。他能不把单位当成家吗？他不把这里当成家，他的家还会在哪里呢？

一开始，县委办公室只分配他负责打扫县委书记张兴玉的办公室、会议室的卫生和打开水。可是，勤快的小雷锋连同其他办公室和会议室的卫生和打开水全包了不算，还坚持天天打扫办公楼楼上楼下走廊的卫生。再到后来雷锋的工作内容增加了，除了做卫生，还负责机关门卫工作，床铺就在招待所的传达室内。雷锋见到同事总是笑脸相迎，对谁都非常热情，机关里的人都很喜欢他。据同事钟光仁回忆，雷锋笑起来还有两个小酒窝，“挺逗人喜爱的”。

县委的领导班子晚上开会，有时会开到深夜，雷锋就坐在隔壁房间看书，陪到深夜。散了会，他负责把会议室收拾干净，把门窗关好，才肯去休息。

在县委机关，雷锋做得最多的其实还是交通员的工作，就是送信、传达文件。20世纪50年代中期的望城县，除了长沙至宁乡有石沙子公路，再也没有什么像样的路了，贯通区、乡之间的唯有羊肠小道，交通工具除了县里机关屈指可数的两辆自行车外，全靠步行。那时县、区、乡之间的上传下达，主要靠县委交通班的人步行传递，可见工作之辛苦。但雷锋从来不叫苦，而且人们总能看到他一张喜气洋洋的笑脸。

在生机勃勃的新中国，沐浴在党的阳光下的雷锋，工作热情如火山般地爆发出来。县委机关这样一个工作空间，让他看到了更广阔的前景。这一时期的雷锋不仅在具体的行政工作上做得越来越得心应手，而且在他的思想深处也开始有了变化，雷锋开始在政治上有所追求。这应该是雷锋在政治上走向成熟的标志。

当时望城县机关正好开办干部业余文化补习学校，高小毕业的雷锋就插入初中班学习。于是，他白天工作，晚上读书。雷锋非常喜欢魏巍写的《谁是最可爱的人》。这是一篇歌颂抗美援朝志愿军战士的文章，雷锋甚至能够背出全文，还和同学们一起讨论“排比”、“设问”等修辞手法在文章中的运用。雷锋非常珍惜来之不易的学习机会，对待学习的态度真的可以用“如饥似渴”来形容。有时因工作需要随领导下乡，雷锋就坚持出差前“领课”，回来马上“补课”。就是凭着这样一股韧劲和钻劲，雷锋工作之余最终完成了学业，获得了初中毕业证书。这个学历也是他的最终学历。

好学的雷锋非常喜欢读书，他喜欢读英雄故事、文学名著，尤其喜欢读政治理论方面的书籍。当时雷锋看的书有：《怎样做一个共青团员》、《毛泽东选集》、《唯物主义和经验批判主义》，还有《刘胡兰》、《董存瑞》、《黄继光》、《钢铁是怎样炼成的》、《青年近卫军》、《把一切献给党》，等等。值得一提的是，在20世纪50年代中期，《毛泽东选集》发行还不多，不像今天这么普及，一个县也就只有那么一两套，而且通常只在县委书记那里。

机灵能干的雷锋来到县委机关工作还不到3个月，就凭借自己的好学上进、踏实肯干，获得了组织的认可。1957年2月8日，17岁的雷锋光荣地加入了中国共产主义青年团。此时的雷锋最向往的，一定是早日成为一名中国共产党党员。根据后来整理的关于雷锋的材料可以看到，团员雷锋几乎向县委机关的每一名党员都咨询过怎样向党组织靠近、怎样成为党员的事情。

有了政治上的进一步追求，雷锋工作得更积极，对自己的要求也更严格了。

1957年，从治理黄河的三门峡工程到北京的密云水库，中华大地开始了大规模的水利工程建设。10月25日，望城县也作出了治理沩水的决定。沩水河是湘江的一条支流，贯穿望城县全境，河道曲折，堤长险多，水患频发，当地俗语称“沩水河有鬼，落雨就涨水”。为了治理沩水，望城县成立了专门的指挥部，集中干部民工近两万人同时上堤完成这项浩大的工程。

县委考虑到雷锋年纪太小，身体也弱，留在机关比较合适，但倔强的雷锋一连几次递交申请书，诚恳地要求上堤参加治水。在他的强烈要求下，指挥部安排他去做赵阳城总指挥的通讯员。虽然雷锋在县委机关做过通讯员，在沩水堤上做通讯员却要面临更多的困难。在那里传递文件没有自行车，只能靠走路。绕来绕去，大半天时间加起来得走七八十里路，辛苦异常。湖南地区的冬季天气阴冷，遇上雨天，道路泥泞容易摔跤，衣服更是经常湿透。面对如此艰苦的工作环境，雷锋从不叫苦，总是按时完成任务。雷锋不仅出色地完成了自己的本职工作，到了晚上，他还常常主动要求留在指挥部守夜。不仅如此，雷锋还利用在堤上穿行送信的时间，主动检查工程质量，不时找出一些影响大堤安全的隐患，及时报告给工程指挥部。因此，这个长着一张娃娃脸的“小个子”竟赢得了“编外质检员”的美称，并受到指挥部的表扬。

雷锋的公务员经历，对他日后的发展产生了重要影响。在县委机关大院内，既能靠近领导又能接触到老百姓，这就使雷锋比一般的同龄人要见多识广，与此同时也让他拥有了更多学习和锻炼的机会。譬如说，前文提到的在《毛泽东选集》尚不多见的年代，他就有机会接触并研读《毛泽东选集》，这是一般年轻人想都没想过的事情；再比如他还在县委书记的介绍下，与见过毛主席的劳动模范冯健建立了深厚的革命友谊；他甚至在18岁时成为当地第一个拖拉机手，这是一个让当时所有年轻人都无比羡慕的工作；还有在县委机关，雷锋一直做的都是打扫卫生、收发文件等细微琐碎的工作，这也让聪明的雷锋慢慢悟出了“螺丝钉”的道理——要从小事做起，并认真地做好每一件小事情。

“好男儿志在四方”。1958年，18岁的雷锋和望城的一批年轻人千里迢迢来到新中国产业工人最集中的地方——东北，成为一名令新中国年轻人最向往、最崇拜的钢铁工人，开始了又一段青春绽放的人生……1959年，就在铁人王进喜用血肉之躯制服井喷的前一年，在一个滴水成冰的寒冷日子，在弓长岭焦化厂的建筑工地，雷锋就做出了一个令人刮目相看的举动——用身体搅拌冰冷的建筑泥浆。

1958年，中国开始了狂热的全民炼钢和“人民公社”运动。这一年的11月，雷锋和望城的一批年轻人也终于乘上了北上的列车。滚滚疾驰的火车向着新中国社会主义建设的最前沿飞奔。疾驰的车窗外，南国家乡的景致渐行渐远，雷锋生命中那段时间不长，却也是不可缺少的一段农业生产经历像窗外的景色一幕幕闪过脑海……

在望城县的治沩工程结束后的第二年，也就是1958年的春天，望城县委决定在围垦起来的团山湖开办一个国营农场，让荒芜沉睡的湖地变成鱼米粮仓。团山湖是洞庭湖的尾湖，这里碧波万顷，纵横六七里，湖草丛生，据说有深达5尺的积肥。建团山湖农场的决定立刻得到上级的支持，而且还分配给农场一台拖拉机指标，并批准在这里成立拖拉机站。那时，工业刚刚起步的新中国还不能自己制造拖拉机，所有的拖拉机主要依靠进口。在这样的背景下，这个购买拖拉机的指标就显得非常珍贵，也就不免使得大家兴奋异常。但是，兴奋归兴奋，购买的资金从哪里来呢？在那个百废待兴的年代，社会主义建设刚刚起步，建设资金的短缺是各行各业面临的共同难题。因此，即使有了这个珍贵的购买指标，上级也不会拨给购买所需要的资金。为了这个宝贵的指标，县委决定号召在职机关干部和共青团员捐款，支援刚刚起步的团山湖农场建设。

为了响应县委的号召，雷锋把自己积蓄一年多的20元钱捐了出来，这笔钱本来是想用来给自己买一床新被子的。热忱而单纯的雷锋在捐款的时候，绝对不会想到这会成为一次改变自己命运的捐款。望城县委经过集体研究，鉴于雷锋对购买拖拉机所做的贡献以及他一贯的优良表现，决定选派他去团山湖国营农场学习驾驶拖拉机。

1958年2月26日，雷锋成为团山湖国营农场最早的一批职工，他来这里的主要任务就是学习开拖拉机。快满18岁的他成为全县第一位拖拉机手。在20世纪50年代的中国，拖拉机是农业机械化的象征，而拖拉机手则是让太多血气方刚的年轻人朝思暮想的工种，甚至可以称为一个“神圣”的职业。在风景秀丽的团山湖畔，洋溢着青春活力的雷锋真可谓春风得意，前途无量。年轻的拖拉机手在美丽的团山湖农场快乐地工作着，肆意挥洒着他青春的汗水，散发着他青春的激情。

几个月后，雷锋又从团山湖农场转到新成立的五星人民公社。本准备投身于如火如荼的“人民公社”运动中的雷锋，此时又作了一个改变自己人生道路的决定：选择报名应征鞍山钢铁厂的招工，支持国家工业建设。而且，为了表达自己的建设热情，他还专门改了一个新名字。从此，叔祖为他取的名字——“雷正兴”，就被“雷锋”这个后来响彻中华大地，并超越时空的名字正式取代了。

而团山湖农场，也在雷锋离开家乡去鞍钢的1个多月后，因为要组建人民公社而被撤销了。如今，我们已经无法找到那个当年浸满了英雄汗水和热情的美丽地方了，只能从少数几篇留存的雷锋文章中去想象这个农场当时的情景了，想象我们的主人公在那里曾经绽放的青春……

1958年11月12日，这些未来的钢铁工人们从南国家乡启程了，千里迢迢前往新单位“鞍钢”报到。这时，雷锋刚满18岁，也到了实现“好男儿志在四方”志向的年纪。

可以想象，对于所有加入这次旅程的年轻人来说，那都是一次意气风发的旅行，因为在当时，东北是全中国最先进的地区，他们要去的目的地“鞍钢”则是全中国工业最发达的地方，而他们即将走上的岗位——钢铁工人，正是那时新中国年轻人最向往、最崇拜、最时髦的职业。

雷锋和他的老乡们一共有60多人。他们被编成了3个小组，来自县委机关的雷锋被指定为第三组组长，张建文、望城中学毕业生杨必华、易秀珍和农村姑娘张月棋等人都是雷锋这个组里的成员。雷锋的工作是分发自己小组成员的车票、旅途生活费和清点人数。

去鞍钢的火车在北京转车，这是雷锋平生第一次来到北京。在这宝贵的几个小时的逗留时间里，他选择了去天安门广场，这几乎是当时所有中国人一辈子都渴望去的地方。

张建文是和雷锋一起去天安门广场的同伴之一。据他后来的回忆："雷锋在走到金水桥前时，问我，毛主席住在天安门城楼上吗？……雷锋在金水桥上坐了很长时间都不动，这引起了执勤战士的注意，他严肃地走到雷锋跟前，告诉他金水桥上不准久待，请他离开。雷锋很不情愿地站起来，转身又问这个战士，你见过毛主席吗？那个战士回答：'我在这儿执勤快一年了，也没有见过毛主席。'雷锋继续问他，'毛主席是不是住在天安门城楼上？'战士说，毛主席住在中南海，天天日理万机。要见毛主席，得要做出大成绩，是英雄、模范。"

执勤战士的这番话一定深深触动了雷锋。我们有理由相信，这个在新中国获得重生的苦孩子此刻心里一定会立下一个坚定的信念——我要努力成为一个英雄，成为一个模范，我要见到我的救星毛主席。我一定要争取再来北京，一定要在天安门城楼上和毛主席照张相。雷锋牺牲后，人们从他公开的日记中发现，北京天安门和毛主席从那时起无数次进入了他的梦境。

雷锋和其他一起来天安门的同伴一样，照了两张照片作为这次旅行的纪念，然后依依不舍地离开了天安门广场。事实上，如果雷锋不是意外去世，他很有可能亲眼见到毛主席。1962 年 6 月上旬，雷锋所在的沈阳军区政治部已经批准雷锋作为沈阳军区代表参加 10 月 1 日的国庆观礼。遗憾的是，雷锋在 8 月 15 日因公殉职。仅差 45 天，雷锋就可以见到令他梦萦魂牵的毛主席了。现实是多么的残酷，人生又是多么的令人遗憾!

从北京出发，再一次乘上火车的雷锋，心情更加兴奋，情绪也更加高昂，仿佛不是火车载着他前行，而是他那颗迫切的心拖着火车在东北的大地上飞奔。是啊，他多希望马上就投入到火热的钢铁工人的生活中去。他要工作，要努力工作，要向毛主席汇报他的工作成绩……

经过长途跋涉，雷锋一行人终于来到了祖国工业建设的第一线。一份雷锋本人填写的《工人登记表》中，可以看到雷锋的入厂时间为1958年11月15日。

那个时候的东北，可以说就像是“共和国的长子”一样，这个地区为全国各地的建设输送了大批粮食、原材料、机械设备和技术人才。新中国的第一辆汽车、第一架战斗机、第一台机床都是东北生产的。当时东北的工业规模之大，范围之广，体系之完备，门类之齐全，发展水平之高，都是其他地区无法相比的，比较有代表性的产业有钢铁、煤炭、造船、木材、机械、军工，等等。

雷锋去的鞍钢是新中国产业工人集中的地方，那不是农村手工业，而是城市大工业。从农村进入工厂，这种环境的改变对造就雷锋起了很大的作用。

因为在团山湖农场开拖拉机的经历，雷锋被分配到了鞍钢化工总厂洗煤车间当推土机手。当时，洗煤车间有两种型号的推土机，一种是较小的德特54推土机，一种是斯大林80重型推土机（即C—80号推土机），这两款机器都是当时比较先进的。因为雷锋个子比较矮，所以领导准备照顾他，让他开较小的德特54推土机，雷锋坚决不要领导照顾，非要开大车，说这样能多干活。最后，领导实在拗不过这个倔强的湖南小个子，只好同意他去驾驶斯大林80重型推土机。

因为个子太矮的缘故，在斯大林80推土机的驾驶室里，他坐着时看不见推土铲子，站着又太高，所以雷锋每天只能猫着腰站着开推土机。大家都知道，“半站半坐”，这是一个非常疲劳的姿势。但是，“一定要在工作中做出成绩”的坚定信念支撑着雷锋，他居然坚持下来了。

根据鞍钢的老工人回忆，刚上班的时候，师傅李长义并不看好雷锋，因为他的个子太小了，在李师傅的眼里，简直就是一个孩子。让一个孩子来驾驶这么一个“大家伙”，简直是胡闹嘛。然而，后来的一次谈话，让李长义师傅发现这个“小人儿”人虽小，但脑瓜儿里的东西实在是不能被忽视。尤其是他听了雷锋那苦难的童年家史，更加理解了雷锋工作中高昂的热情，也就更由衷地佩服他志向的高远。从此，李长义师傅开始对雷锋刮目相看。争强好胜的雷锋和师傅私下签订了为期一年的“师徒包教包学合同”，他每天上班都早来晚走，勤勤恳恳，虚心求教。一个多月下来，雷锋竟然可以单独驾车作业了。

推土机手冬天作业，最难的莫过于检修、清洗发动机。雷锋学会了检修之后，就不再让师傅动手了。他每次都争抢着钻到车盘底下，仰着身子打开检示器，再仔细清洗发动机，干完了从车盘底下爬出来，即使是在东北寒冷的冬季，作业服也常常会被汗水浸个透。

从1958年11月入厂一直到1959年8月，雷锋在洗煤车间一共工作了9个月零5天。当时车间规定：推土机作业班每周评一次生产标兵，每月评4次，连续3个月就是季度先进生产者。雷锋在推土机班只干了3个季度，却是3次被评为先进生产者，也就是说雷锋几乎每周都会被评为生产标兵。在这期间，雷锋还5次被评为车间红旗手以及职工夜校优秀兼职语文教员，并出席了鞍钢青年社会主义建设积极分子大会。

这个不服输的湖南小伙子正是凭着那种“螺丝钉”精神，向着他心中的目标——做一个英雄，做一个模范，踏踏实实地迈出了第一步。

1959年夏天，鞍钢化工总厂决定在弓长岭矿山附近新建一座焦化厂，动员一些人到那里参加基本建设。弓长岭在一个大山沟里，条件极差，甚至连宿舍都没有。施工人员只好暂时住在几间破旧的土屋里，食堂也是临时用苇席搭建的，用水更要到两三里路之外去挑。深受《钢铁是怎样炼成的》的主人公保尔·柯察金影响的雷锋，在动员会上主动要求到最艰苦的地方去锤炼自己。总厂决定让雷锋到弓长岭新建筑工地去，因为那里不仅需要推土机手，更需要像他这样朝气蓬勃的青年骨干。

所有的中国人都不会忘记新中国建设史上那段永恒的影像——一个铁打的汉子怀着对党、对人民的赤诚，为了中华民族的自尊，甩掉拐杖，率先跳入冰冷、黏稠的泥浆池，和他的战友们一起，用血肉之躯充当搅拌机，制服了井喷。铁人王进喜的名字，曾感动了一代又一代的中国人，曾鼓舞了一代又一代的建设者。

王进喜跳入泥浆池发生在1960年，实际上雷锋也曾有过和铁人一样的感人行为。据考证，这件事情发生在大庆石油工人制服井喷的前一年——1959年。同样，那是一个滴水成冰的寒冷日子，因为天气太过寒冷，建设用的水泥一时搅拌不匀。见此情形，雷锋第一个光着脚跳下去，用身体进行搅拌，其他人受到感染也跟着跳到冰冷的水泥浆里搅拌起来。在飞溅的泥浆中，人们越来越感受到这个小个子湖南人心中饱含着的热忱，身体里蕴藏着的巨大能量。

只要是工作，雷锋浑身就有用不完的劲儿，无论是否是他分内的活儿，他都永远表现出高度的认真负责的态度。

1959年11月14日，焦化厂专列拉进几车皮建焦炉急需的高标号水泥。是夜10点多钟，天气突变，风雨将至，厂调度员陈兴禄看着还没有抢运走的水泥急得直打转转。正在宿舍看书的雷锋，见到陈兴禄焦急的样子就主动去问发生了什么事，陈兴禄就把水泥的情况告诉了他。此时黑云密布，老天已经开始把豆粒大的雨点毫不留情地砸向了地面。紧急关头，雷锋马上将自己的被子拿出来去盖水泥，并迅速动员全宿舍的职工开始抢运水泥。在雷锋的带领下，7200多袋水泥安全转运，为国家避免了重大的经济损失。

雷锋到鞍钢之后，仍不忘在思想上严格要求自己。在鞍钢工作的那段日子里，他一直坚持向望城县委的领导写信汇报思想和工作情况。雷锋在望城县的老领导们也一直关心着这个从望城县走出去的“苦伢子”。

一次，雷锋收到县里领导的一封信，信中说希望雷锋在伟大的工人阶级队伍中，艰苦奋斗，永不忘本，把自己锻炼成一个具有共产主义觉悟的真正的社会主义的工人……雷锋一直牢记着信中老领导们对他的谆谆教诲和殷切期望，并把这些话语变成他工作和生活中的一种激励。

在鞍钢工作期间，雷锋在生活上向最低标准看齐，在工作上向最高标准努力。雷锋上下班总是穿着一套工厂发的劳动服和大头鞋，业余时间也还是这种打扮，后来，在同事们的劝说下，他也曾为自己购置过一些当时颇为时髦的衣物，但他却仅仅穿过一次。据他的同事回忆说，雷锋觉得自己在工作上还没有做出任何成绩，却讲究起穿戴来了，这是很不应该的。于是，这些衣物再也没有在雷锋身上出现过。直到英雄逝去多年以后，我们才在当年保存下来的雷锋的遗物中发现了这些，我们也才知道，这个亿万中国人心中的偶像，原来也和太多的年轻人一样喜欢时尚、热爱生活。

1960年，在那个格外寒冷的冬天，辽阳兵役局的领导为“小个子雷锋”开了一个“后门”。雷锋终于如愿以偿被批准参军。在入伍短短的几个月里，这个“后门兵”的“好人好事”竟然源源不断。有人惊讶，有人敬佩，也有人不解……雷锋在1961年5月4日的日记中这样写道：“我为党做了些什么？当我想起党的恩情，恨不得立刻掏出自己的心。当我想起我所经历的一切太平凡了的时候，我就时刻准备着当党和人民需要我的时候，我愿意献出自己的一切。”

1960 年，雷锋由一名钢铁工人变成了光荣的解放军战士。说起雷锋参军的过程，也是颇费了一番周折的。1959 年 12 月，时任雷锋生前所在团军务参谋的戴明章来到辽阳，他负责那一年辽阳的接兵工作。当时部队征兵要求非常严格，主要有两方面的要求：第一是身体条件，第二是政治审查。这次招的主要是工程兵，因为工程兵的劳动强度比较大，所以对身体条件的要求更为严格。身高仅有 1.54 米的雷锋没有通过体检。

戴明章在 1959 年 12 月 22 日的一篇日记中记录当时新兵的体检情况：“一大伙人围着一个不太高的小伙子，听他挥舞着小拳头大讲家庭如何贫困，怎样受日本帝国主义压迫，表示参军是为了保卫祖国，为阶级弟兄报仇……当他见我凑拢过去之后，便靠近我，并用手拉着我的衣襟，死命纠缠住我，非要我批准他当兵不可。逗得周围的人们好笑。经我询问体检组的护士，她们告诉我，他叫雷锋。”

没有通过体检的雷锋非常焦急，于是他跑去兵役局，找到了时任辽阳兵役局的政委余新元，他向余新元表达了他当兵的坚定决心。当他在余新元面前打开承载着他全部家当的小箱子时，余新元惊呆了，映入他眼帘的是整整齐齐摆放着的《毛泽东选集》一二三卷。更令他震撼的是，当余新元翻开《毛泽东选集》后，他看到在书的空白处，密密麻麻写满了雷锋的阅读体会。余新元不仅喜欢上了这个小伙子，而且打心里敬佩这个小家伙。他知道这一定是个非常认真，而且又有着一股韧劲儿的好小伙子。

前面已经多次提到，以认真的态度做好打扫卫生这样不起眼的小事情，是雷锋十分重要、非常优良的品质。每到一个新的环境，雷锋都是从做这样的小事儿开始努力的，这也是他从 16 岁开始做公务员工作时就养成的好习惯。雷锋在余新元家住了 58 天，天天去兵役局帮助做些力所能及的工作，他的热情和行动渐渐感动了兵役局所有的人。与此同时，雷锋在鞍钢的突出表现，也赢得了部队领导的重视。在雷锋自己的坚持下，经过众多方面的努力，在考核了他的政治表现之后，兵役局的领导为“小个子雷锋”开了一个“后门”。雷锋终于如愿以偿被批准参军。

1960 年 1 月 8 日，一列载满了新兵的火车从辽阳出发了，雷锋就是这些新兵中的一员。雷锋入伍的这一年，在中国人的脑海里有着抹不去的记忆：经济困难的中国经受了一次罕见的洪水袭击；西藏的达赖喇嘛也火上浇油地发动了武装叛乱。国际上，美国对中国进行包围和孤立；中国和苏联两个社会主义国家在意识形态上发生了严重的分歧，最终导致苏联撕毁援建中国的合同，撤走所有的技术专家……中国人民感到格外的寒冷，承受着巨大的压力。就是在这个内忧外患的非常时期，雷锋人生中最重要的一段旅程伴随着火车汽笛的一声长鸣起步了。

来到部队以后，“后门兵”雷锋竟被选为新兵代表在团欢迎大会上讲话，他的口才给大家留下深刻印象。据雷锋生前所在团宣传干事陈广生回忆：“我们的团长吴海山致欢迎词：‘欢迎新战士入伍，希望新战士都争当五好战士。’（雷锋）记住了这话，发言的时候，（很幽默）地说：‘刚才首长号召我们新战士入伍以后，都争当五好战士。什么五好、六好、七好、八好的，我看只要有党的领导，有老大哥的帮助，几好都能当上。’（雷锋的风趣幽默）把全场都逗笑了。”

对于当年雷锋在欢迎新兵入伍大会上那场精彩的演讲，他的战友乔安山至今记忆犹新。每每回忆起这件事，乔安山老人的眼里总是闪着敬佩的光：

那天，我记得，首长首先讲话，接着是老战士代表发言，很快就轮到雷锋发言了。

只见他从新兵队列中走出来，沉着地走上讲台，向我们敬了个刚刚学会的军礼，然后掏出演讲稿："敬爱的首长和老大哥同志们，让我代表新战士……"一句话没讲完，一阵大风吹来，把他的演讲稿弄乱了。那天的风特别大，我们又是在操场上举行的大会。

他急忙用冻得发抖的手把演讲稿弄平，可没讲两句，风又把演讲稿弄乱了。

他索性把演讲稿收了起来。我当时真的有些担心，"没有稿子，可怎么发言啊？"雷锋似乎一点都没有受到影响，他继续讲到："我们这些新战士能在20世纪60年代开始的日子穿上军装，扛起枪杆，来保卫祖国，感到非常光荣。"没了讲稿，他似乎比拿着讲稿说得更流利了。

"我们来自祖国的四面八方，有工人，有社员，也有学生。可我们只有一个心眼：为了保卫祖国，一定要当个像样的兵，决不辜负首长和老战友的期望……"

发言一结束，台下立即响起了热烈的掌声，大家都被这个小个子的、有着浓浓湖南口音的小伙子吸引住了，他似乎总有一种魔力，知道每一个人的心思，说出了每一个新兵的心声。连主席台的团领导也站起来鼓掌，向他表示祝贺。

53年前，在营口海边召开的新兵誓师大会上，大风呼啸，雷锋干脆将草拟的发言稿揣进口袋，"脱口秀"足足进行了40多分钟。从工厂带来的一大堆荣誉，加上这40多分钟的"脱口秀"，为新兵雷锋日后成为团里的重点培养对象埋下了伏笔。

雷锋所在团是一支有着光荣历史的部队，新兵雷锋决心以实际行动发扬优良传统。开饭时，他主动给大伙读报，宣传党的方针政策；休息时，他教大家唱歌，让这个大家庭里充满乐趣与温暖；训练时，他严格要求自己刻苦训练，由于他身小臂力弱，开始练投手榴弹时成绩不合格，每天天不亮雷锋就悄悄地溜出去练习，十几天后，他终于和其他同志一样在实弹考核中得到了优秀……面对党发出的“勤俭节约，共渡难关”的号召，雷锋更是积极响应，从一点一滴做起，不知不觉中，就又成了部队上的节约标兵。他做了一个节约箱，这个箱子成了他的宝贝，里面积攒着他捡来的螺丝钉和牙膏皮。部队一年发两套军装，他为国家节约，只领一套。每当有人问他为什么只领一套时，他总是笑着说：“我省着点儿，一套够穿了。”

新兵训练结束后，因为有团山湖农场拖拉机手、鞍山钢铁厂推土机手的经历，雷锋被分配到运输连当了一名汽车兵。针对缺少教练车的现状，他带领大家做了一个汽车驾驶台。雷锋废寝忘食地学习技术，被大家一致推举为技术学习小组长。1960 年 5 月份，雷锋成为了一名合格的驾驶员，被分到二排四班，开着一台 13 号解放车上了建设工地。汽车兵雷锋在新的岗位上创造着新的辉煌，别人手里的“耗油大王”车，一旦到了他的手里就成了“节油标兵”车。在每次运输水泥结束后，雷锋还总是小心翼翼地把散落在车厢里的水泥收集起来，久而久之，竟多达 1000 多公斤。

对自己，雷锋的节约是出了名的，他脚上穿的一双袜子补了又补，已经看不出袜子本来的颜色，可他仍然舍不得扔。但是对同事、对人民，雷锋的热情却像他日记里写的一样——“春天般的温暖”。战士小周的父亲生病，雷锋寄去 10 元钱。乔安山的母亲生病，雷锋又寄去 10 元钱……

1960 年八九月间，雷锋所在团政治处连续收到两封表扬雷锋的地方来信。这两封信，一封是中共辽阳市委写来的，另一封是抚顺市望花区和平人民公社写来的。望花区人民公社成立，雷锋取出全部积蓄200元钱，公社只收了100元，剩下的100元，雷锋又捐给了辽阳灾区。要知道，在每个战士每个月只有6元钱津贴费的时代，200元在当时可以算做“巨款”了。这事对团机关震动很大，团政委韩万金非常重视这件事。韩政委想起了就在不久前听到的关于雷锋的另一件事：部队在野外打猪草时，一个战士由于饥饿，早饭的时候就把午饭一起吃光了。到了午饭时间，雷锋主动把自己的口粮让给了这个战士。1960年，中国正处于极度困难时期，每个人的口粮都是异常珍贵的。韩政委眼里饱含热泪，动情地说：“雷锋是在勒着裤腰带为我们做好事啊！”

韩万金政委立刻指示团政治处派人把雷锋的事迹整理出来上报下发。这份材料最初叫《雷锋同志模范事迹材料》，后来被雷锋亲自改为《解放后我有了家，我的母亲就是党》。这个材料重点表扬了雷锋“为了人民勤俭节约、积极支援社会主义建设”的行动，表扬了雷锋拿出自己的全部积蓄支援灾区、支援人民公社、捐款给社会的壮举。

这时人们才知道，在短短的几个月里，雷锋的好人好事竟然源源不断。一时间人们被这个相貌平平，品格伟大的小战士折服了。但也有不理解的人说，雷锋是傻子。雷锋笑而答之：我甘愿做这样的傻子！他在1961年5月4日的日记中这样写道：“我为党做了些什么？当我想起党的恩情，恨不得立刻掏出自己的心。当我想起我所经历的一切太平凡了的时候，我就时刻准备着当党和人民需要我的时候，我愿意献出自己的一切。”

因为雷锋的突出表现，入伍10个月，即1960年11月8日他就加入了他梦寐以求的中国共产党，成为一名中国共产党党员。

唱支山歌给党听，

我把党来比母亲，

母亲只生了我的身，

党的光辉照我心

……

这是一首传唱了几代，迄今仍十分流行的歌曲。这首歌的歌词就摘抄自《雷锋日记》。7 岁成了孤儿，是党给了雷锋新的生命，是新社会给了他做人的尊严。因此，在他短暂的一生中，雷锋时刻牢记自己的一切都是党给的，心中始终涌动着对党的无限感恩之情。正是基于这样的情感基础，使得他把身边的每一个人、每一件事全部当成了他报答党的恩情的突破口。

各级组织也开始对这个小个子新兵的平凡事迹格外地关注起来。1960 年国庆前夕，沈阳军区工程兵政治部的宣传助理员张峻被派到雷锋所在团作调查。张峻后来回忆说，初见雷锋，就给他留下了太深刻的印象。

那是一个礼拜天，我去的时候雷锋不在，大家说他可能是肚子疼，到后勤的卫生所看病去了。我们就在连部等，等到中午的时候，听到外头敲锣打鼓，我们问“干啥呢？”战士告诉我们说“有人来送感谢信。”我们出去看到来了许多人，拿着大红纸写了一张海报（感谢信）。内容是感谢咱们部队有个小战士，在他们扩建校舍的劳动中对他们给予的帮助。后来，经调查我们才知道，那天抚顺本溪路小学，就是现在的抚顺中学，正好在扩建修建校舍，工地上正在干活的时候，推砖的供不上了，供不应求。学校喇叭里说“推砖的同志们要加油啊”。路过的雷锋看了很着急，他顾不上去卫生所看病，脱下衣服就推起砖来，其他的民工也跟着干起来，保证了施工的正常进行。

学校领导十分感激，特地来部队感谢这位不知名的小战士。当时的情况是，外面敲锣打鼓，却没人来接感谢信。我告诉指导员高士祥，“赶快去接呀，怎么回事儿？”高士祥说：“肯定是雷锋。”把雷锋找来一问：“是不是你？”雷锋不好意思地承认：“是我在那儿干的。”我这是第一次认识雷锋。

不久，张峻带着自己写好的大约3000字的文章《节约标兵——雷锋》，以及4张配文的图片来到前进报社。

1960年11月23日，沈阳军区工程兵政治部作出了“在部队中开展学雷锋、赶雷锋运动”的决定。11月26日，沈阳军区的《前进报》用两个整版的篇幅，套红宣传雷锋的事迹。11月27日雷锋作为立功代表在团党委的授奖大会上上台讲话。12月1日，《前进报》继续用一个版的篇幅，发表文章学习雷锋，并首次发表了《雷锋日记》摘抄。接下来的一周的版面里，又找了11个雷锋的战友来撰写雷锋的先进事迹，从各个角度来报道雷锋的精神。

雷锋的影响迅速扩大，越来越多的人知道了雷锋和他的事迹。

一个月后，新华社驻沈阳军事记者佟希文和李健羽，也领受了采访雷锋的任务。佟希文和李健羽回忆了当时的采访情况：

雷锋不是我们宣传出来的，早在宣传之前他就很有名气了。1960年10月，《前进报》总编辑嵇炳前把我们两人叫去，说是报社收到一篇自然来稿，反映一个叫雷锋的新战士艰苦朴素的事儿。说着，嵇炳前就把稿子递给我们。我们一看，这个新兵入伍还不到10个月，捡牙膏皮，补袜子，给人民公社捐款，好事做了很多。当时我们认为，国家正是困难的时候，党强调奋发图强，雷锋做到这点不简单，也非常可爱。嵇炳前就要求我们到部队了解了解，见见这个战士。我们就到了军区工程兵政治部，见到了王副主任，请他给我们找一找雷锋是哪个部队的。王副主任说："雷锋这几天就在沈阳，要到辽宁师范大学作忆苦报告。"这时的雷锋已经成为一个"忆苦思甜"的典型。

我们两个一商量，决定去现场感受一下。到雷锋作报告的那一天，我们俩和学生坐在一起听。听到雷锋讲自己的苦难身世，心里难过得受不了。雷锋不仅讲过去的苦，也讲党对他的培养，讲他现在的工作。上面讲着，下面哭着，有些学生哭得呜呜的。这时口号声突然响起来了："雷锋的苦就是我们的苦，雷锋的仇就是我们的仇。"一个同学领着喊完，另一个同学又站起来领着喊："向雷锋学习！""向雷锋学习！"那个场面太激动人了。这场报告对我们俩来讲，首先解决了情绪感染问题，都觉得这个战士实在可爱，他不仅仅是个节约的典型。嵇炳前那天也听了报告，激动地说，要报个大典型。

上火车以后，我们抓紧时间，又和雷锋直接交谈。他的谈吐很实在，从他带的三本日记和笔记来看，我们发现这个小伙子很注重学习，……在（和雷锋）唠的过程中，我们就发现一个事情。走过来一个老工人问："雷锋最近到哪儿去了？"一会儿，又走来一个小孩子问："雷锋叔叔你上哪儿去了？"列车员又在旁边跟我说："这是和你们谈话，不然的话他早闲不住了。不是打扫车厢就是给大家倒水，再不就是到哪个站下车扶老携幼，帮着照顾老人，帮着照顾小孩儿。"我们就越发觉得这个战士是在群众当中的。

雷锋给人们的印象是如此的亲近平凡的生活，同时又完美地超越了生活的平凡。1960年11月，佟希文和李健羽合写的稿子完成了，题目是《党的好后生》。稿子写好后，他们拿给当时的沈阳军区副政委杜平看。杜平独具慧眼，看完稿件，挥笔写下了“毛主席的好战士——雷锋”这几个字。1960年11月26日，这篇稿件在《前进报》上登了两个半版。《前进报》发表这篇文章的同时还配发了社论，题目是《不忘过去，发奋图强》。不久，《人民日报》、《中国青年报》、《解放军报》都作了转载。

随着《毛主席的好战士——雷锋》这篇文章的发表，一场以雷锋为典型的宣传在部队内外拉开了序幕。

1960年年底，一个阳光灿烂的上午。运输连刚刚从第一汽车制造厂接来一辆解放牌拉水车。副连长白福祖将新车开进了车场。摄影员季增请白福祖将汽车方向做了一个调转，使车头“解放”两个字处于高光的位置。雷锋则被摄影员季增安排，抬头远望，用他那只曾经被地主婆砍过三刀的手擦拭着车头的“解放”二字。这是我们都非常熟悉的一张照片，照片中雷锋的眼里荡漾着新中国成立后的喜悦，脸上洋溢着青春的笑容。他发自内心地给我们展示了只有解放了，才有这样幸福的生活。

1961年第三期《解放军画报》以“苦孩子，好战士”为题，发表了这张照片。后来，季增又与张峻同志一起重拍了一次，这次用的是彩色胶卷，作品发表在《中国摄影》杂志上。

这时，雷锋的名字在东北大地已经家喻户晓。从1961年开始，雷锋经常应邀去外地作报告。沈阳、大连、海城、辽阳、丹东、本溪、长春、吉林、旅顺、通化等地都留下了他的足迹，出差的机会多了，为人民服务的机会就更多了。当时，坊间流传着这样一句话：“雷锋出差一千里，好事做了一火车。”

一次雷锋外出在沈阳站换车的时候，一出检票口，发现一群人围看一个背着小孩的中年妇女，原来这位妇女从山东去吉林看丈夫，车票和钱丢了。雷锋用自己的津贴费买了一张去吉林的火车票塞到大嫂手里，大嫂含着眼泪说：“大兄弟，你叫什么名字，是哪个单位的？”雷锋说：“我叫解放军，就住在中国。”

1961年5月的一天，雷锋冒雨去沈阳，他为了赶早车，早晨5点多就起来，带了几个馒头就披上雨衣上路了，路上，看见一位妇女背着一个小孩，手还领着一个小女孩正艰难地向车站走去。雷锋脱下身上的雨衣披在大嫂身上，又抱起小女孩陪他们一起来到车站，上车后，雷锋见小女孩冷得发颤，又把自己的贴身线衣脱下来给她穿上，雷锋估计她早上也没吃饭，就把自己带的馒头也送给她们吃。火车到了沈阳，雨依然下个不停，雷锋又一直把她们送到家里。那位妇女感激地说："同志，我可怎么感谢你呀！"

过年的时候，战友们愉快地在一起搞各种文娱活动。雷锋和大家在俱乐部打了一阵乒乓球，就想到每逢年节，服务和运输部门是最忙的时候，这些地方是多么需要人帮忙啊。他放下球拍，叫上同班的几个同志，一起请假后直奔附近的瓢儿屯车站，这个帮着打扫候车室，那个给旅客倒水，雷锋把全班都带动起来了。

……

雷锋就是这样永不停息地、全心全意地为人民做好事，难怪人们一见到为人民做好事的人就会情不自禁地想起雷锋。

雷锋作"忆苦"报告的反响也非常大。请他作报告的除了兄弟部队，还有国家机关、学校、工厂，等等。雷锋不辞辛苦地到处演讲，嗓子都哑了。每当讲到自己的亲人被迫身亡时，性情中的雷锋都忍不住要大哭一场，这对他的身体有些影响。1961年春末的一天，雷锋从兄弟部队作巡回报告10多天以后回到连里，在和连长虞仁昌谈话时，连长发现他的脸色发白，就问他是否有病。雷锋故作轻快地回答："没有什么，只是近来常常睡不好觉，到12点还睡不着。"

尽管疲惫辛苦，但雷锋打心里觉得这是一件非常有意义的事情。当时，雷锋用自己的苦难家史引导人们对新旧社会进行对比，这是激发大家热爱新中国、热爱社会主义的一个情感源泉。“向雷锋学习”、“为社会主义建设贡献自己的一切”，大家形容雷锋是一团火，一时间“雷锋式”的好人好事不断涌现。

雷锋为人民做的好事越来越多，人民也把自己最大的信赖给予了雷锋，各种荣誉也接踵而来。

一直得到雷锋照料的烈属张士霞大娘向部队提出要求，推选雷锋当抚顺市人民代表。同时，雷锋担任校外辅导员的建设街小学赵老师也领着几名少先队员来到雷锋所在的运输连，代表全校师生郑重地向部队提出要选举雷锋为人大代表。

1961 年夏天，在一次部队施工动员大会上，团里的韩万金政委让组织股长赵玉瑞宣读了抚顺市人民委员会的通知，并把驻地群众和建设街小学提出选举雷锋做人大代表的事做了介绍。

全团同志酝酿议论了一会儿，组织股长便高声问道：“选举雷锋同志为抚顺市第四届人民代表大会代表，大家有意见没有？”

1000 多人异口同声响亮回答：“没有！”并都举起了手。雷锋当时坐在队伍前边，只有他自己很谦虚地没有举手。

韩政委冲着他说：“雷锋！大家选举你当人民代表，你有什么意见？”

雷锋站起来给团首长敬个礼，又转身给大家敬个礼，说：“首长和同志们信任我，抚顺人民信任我，我是不会辜负这种信任的……”

1961 年 8 月 3 日，雷锋出席了抚顺市第四届人民代表大会，他把一首诗写到了会议的文件袋上：

“过去当牛马，今天做主人。参加代表会，讨论大事情。人民有权利，选举自己人。掌握刀把子，专政对敌人。衷心拥护党，革命永继承。

哪怕进刀山，永远不变心。'”

雷锋在 1961 年 8 月 3 日的日记里写着：

> 今天是我永远不能忘记的日子，我光荣地参加了抚顺市第四届人民代表大会第一次会议。像我这样一个孤苦的穷孩子，能够参加这样的大会，心里有说不出的高兴和感激。

此时的雷锋，还是一名入伍仅仅一年多的普通士兵。这段经历，既体现了驻地人民群众和部队战友对雷锋的厚爱和信任，于雷锋个人而言，这更是其政治生命的又一次超越和升华。人民代表大会参政议政的实践，开阔了雷锋的眼界，更升华了雷锋的境界，为雷锋的成长提供了更大的政治舞台和发展空间。

从 1960 年 1 月 8 日到 1962 年 8 月 15 日因公牺牲，雷锋在部队里度过了 951 天，是他生命总旅程 7910 天的 12%。在这短短的 951 天中，雷锋凭借其热忱的态度、出色的表现、高尚的品格，可以说几乎是月月都获得了奖励：

1960 年 7 月 8 日荣立三等功；

9 月被授予“艰苦奋斗节约标兵”称号；

10 月 1 日荣立二等功；

11 月 20 日再次荣立三等功；

11 月 27 日获得“模范共青团员”称号，还被授予“学习毛主席著作积极分子”称号；

1961 年 4 月出席军区团代表大会；

5 月 14 日提为副班长，很快又成为班长；

8 月被选为抚顺市人民代表；

1962 年 1 月被晋为中士军衔；

2 月参加团的党代会；

5月被评为“优秀校外辅导员”；

……

毛泽东同志一生只给三个人题过词——白求恩、刘胡兰和雷锋，而新中国成立以后，只有雷锋这一普通士兵获此殊荣。“向雷锋同志学习”——每年的3月5日，围绕毛泽东等老一辈革命家的题词，通过年复一年的学雷锋实践活动，一个国家的公民奉献意识得以强化、社会道德观念得以升华。这不仅是一个令人惊叹的事实，或许应该是对雷锋最高规格的缅怀吧。有一个名字，永远写在春天里；有一种精神，持续传颂在神州大地……

正当雷锋向骏马一样，在社会主义的建设大路上疾驰飞奔、奋发图强时，一次意外，让这一切戛然而止，雷锋被永久地定格在充满朝气的22岁……

1962年8月15日，细雨霏霏，一个本来平常得不能再平常的日子。上午8点多钟，雷锋和他的助手乔安山驾车从工地回到驻地。他们把车开进连队车场后，发现车身上溅了许多泥水，雷锋便不顾长途行车的疲劳，立即让乔安山发动车到空地去洗车。经过营房前一段比较窄的过道时，为安全起见，雷锋站在过道边上，扬着手臂指挥小乔倒车转弯：“向左，向左……倒！倒！”一切都显得那样的自然而平静。突然，汽车左后轮滑进了路边水沟，车身猛一摇晃，骤然碰倒了一根平常晒衣服被子用的方木杆子。这根长4.2米、重13公斤的晒衣杆，猛然砸在雷锋的太阳穴上。雷锋当场扑倒在地，倒在了他擦洗了无数遍的汽车旁……

连长虞仁昌赶紧派白副连长开车把雷锋送到了西部医院。在西部医院的病床上，雷锋浑身抽搐，甚至抽得坐了起来。雷锋的体温过高，虞仁昌跑到楼下去买了一箱冰棍降温。温度刚降下去，呼吸突然停止了。

一个医生立刻给雷锋做人工呼吸，他的呼吸又恢复了。

经诊断，院长严肃地对部队领导说，“伤势很重，是颅骨骨折，内部出血。有生命危险，”“得立即做手术，但我们医院做开颅手术不行，马上派车到军区总院，把脑外科段主任请来。”于是，白副连长和团军务股长飞速赶往沈阳。

此时，雷锋每10多分钟抽一次，后来达到五六分钟抽一次，之后就中断了呼吸。西部医院的医生们竭尽全力开始了最后的抢救。院长指挥医生把雷锋的气管割开以输氧气。主刀医生在雷锋的脖子上割开一个口，她的手紧张得直哆嗦，气管怎么也拽不出来，院长亲自上前把气管拽出来，插上氧气。雷锋的腹部起伏了一下。这微微的一下，给在场的人们带来了希望，大家多么希望那个活泼机灵的雷锋能再给大家说个快板、讲个故事啊！可是，人们的祈求和医生们的努力都未能感动上苍，未能留住雷锋那22岁的青春年华。

1962年8月15日12时5分，雷锋——这个从来没有上过战场，却是中国最著名的士兵的心脏停止了跳动。

因为雷锋生前是抚顺市人大代表，因此如何办理雷锋的葬礼，部队的领导必须要跟抚顺市人大委员会汇报。与此同时，抚顺市也决定要把追悼会开得隆重些，这就意味着悼念雷锋的范围从部队扩大到了全社会。

8月16日清晨，抚顺广播电台播出了雷锋因公牺牲的消息。各级单位也纷纷送来花圈表示哀悼。花圈多得数不胜数，还有雷锋辅导过的小学生们亲手扎的白花、折的纸鹤。

8月17日下午1点，“公祭雷锋同志大会”在抚顺市望花区区委礼堂举行。雷锋的灵柩停放在主席台正中，灵柩上覆盖着鲜红的军旗，军旗上安放着雷锋的军帽。沈阳军区送的两米多高、扎有彩蝶的花圈浮放在灵柩上面。雷锋身着上士军服的遗像庄严地挂在主席台正中央，遗像周围被鲜花和松柏所环绕。主席台两侧分别挂着“学雷锋不怕苦，不畏难，以行动作纪念，争当五好战士；学雷锋对敌狠，对己和，化悲痛为力量，共练杀敌本领”的条幅。

前来祭奠的群众越来越多，礼堂挤不下，就往院子里站，最后蔓延到大街上。为了能让大家都听到哀乐，在院子里临时架起了高音喇叭。追悼会上，由团政委韩万金致悼词，指导员高士祥介绍雷锋生平事迹，乔安山和他的战友手握钢枪为雷锋护灵。

追悼会结束后，雷锋的灵柩就要被送到烈士公墓安葬了。天色阴沉，大家的心情更加沉重。

从望花区人民政府大院到抚顺第七百货商店的和平路仅有1公里，但由于马路两旁的人太多，灵车车队行驶速度不得不放到最慢，时开时停，用了1个多小时还没走完。

群众自发地戴上了白花和黑纱，跟随在车队后面，浩浩荡荡。越来越多的人们听到雷锋去世的消息，纷纷走上街头，送他们心中的好人最后一程。不久，从抚顺第七百货商店到戈布北沟烈士公墓的10多公里长街两旁形成了厚厚的人墙。当时只有70万人的抚顺，就有10万人以上给雷锋送葬，成为抚顺历史上少有的壮观场面。

到了公墓，战友们已经提前挖好了墓穴。墓穴位于公墓的东山坡，坐东朝西。下葬的形式完全是按照抚顺地方的风俗进行的。

战友们小心地把雷锋的灵柩从车上抬下来。他们是如此的仔细，不敢有一点歪斜，仿佛怕惊动了睡梦中的雷锋。战友们说，平时雷锋难得有闲着的时候，就让他好好地睡吧！雷锋的棺木被非常平稳地放进了墓穴。战友们转了好几圈，谁也不愿意埋土、不愿意离开雷锋……填完土后，战友们又绕坟转了一圈又一圈……谁都不愿意相信，那个青春洋溢、活力四射的雷锋，那个和他们朝夕相处、健谈幽默的雷锋，就真的凝结成为墓碑上几行刚劲有力的毛笔字——

中国人民解放军三三一七部队班长抚顺市人民代表

雷锋烈士之墓

一九六二年八月十七日

雷锋就这样匆匆地走了，带着未竟的事业，带着未了的心愿。为了让更多的人知道雷锋、学习雷锋、缅怀雷锋，雷锋生前所在班的战士始终在思考这样一个问题：用什么样的方式可以把“雷锋”这个名字永久性地记载下来。后来，经过团政委韩万金的提醒，雷锋生前所在班的战友们以集体签名的方式，向连队党支部和上级提出申请，希望上级批准用“雷锋”的名字给四班命名。

雷锋班申请

党支部：

雷锋生前是我们的亲密战友。他虽然牺牲了，但是他那种先进的思想和光荣的事迹，永远留在我们的心里。我们决心以雷锋烈士为榜样，学习他对阶级敌人的刻骨仇恨，对党和毛主席的无限热爱；学习他坚强的革命意志；学习他艰苦朴素，不乱花一分钱，处处注意节约，热情支持人民公社和灾区人民生活的高尚品德；学习他学习毛主席著作的苦钻精神；学习他对工作积极负责，坚决完成任务的模范行为。他的许多优秀品德和高尚风格都是我们永远学习的榜样。我们四班为纪念和发扬雷锋烈士的光荣事迹，经过热烈的讨论，大家一致表示，决心继承雷锋烈士的革命精神，把雷锋烈士的革命精神一代一代地传下去。为此，全班同志特请求上级党委和首长批准我们班为“雷锋班”的光荣称号。我们全班都有决心，一定要练好过硬本领，发扬硬骨头作风，无论什么时候都能拉得出去完成一切任务，处处给全连树立榜样，保持光荣称号，珍惜雷锋班的荣誉，决心做毛主席的好战士。

四班全体战士：张兴吉　王继学　陈庆林　田生绵　韩玉臣　乔安山　庞春学　蔡永海　于泉洋

1962 年 10 月 12 日于抚顺

1963 年 1 月 7 日，国防部正式批复同意命名雷锋生前所在的四班为“雷锋班”。

国防部给沈阳军区的批复

你们请示授予 3317 部队运输连四班以“雷锋班”称号的报告收悉，同意你们的意见，批准授予 3317 部队运输连四班以“雷锋班”称号。望鼓励四班的同志，保持和发扬这一荣誉，学习雷锋同志的优秀品质。

1963 年 1 月 7 日

听到这个消息，很多战士都抑制不住地哭了……

1 个多月后，共和国的领袖毛泽东同志亲笔题词“向雷锋同志学习”。毛泽东同志一生只给三个人题过词——白求恩、刘胡兰和雷锋，而新中国成立以后，只有雷锋这一普通士兵获此殊荣。

之后几个月内，被雷锋事迹所感动的老一辈革命家纷纷题词——

朱德同志题词：“学习雷锋做毛主席的好战士。”

刘少奇同志题词：“学习雷锋同志平凡而伟大的共产主义精神。”

周恩来同志题词：“向雷锋同志学习憎爱分明的阶级立场，言行一致的革命精神，公而忘私的共产主义风格，奋不顾身的无产阶级斗志。”

陈云同志题词：“雷锋是中国人民的好儿子，大家向他学习。”

邓小平同志题词：“谁愿当一个真正的共产主义者就应该向雷锋同志的品德和风格学习。”

董必武同志题词："向雷锋同志学习，十年前已示南针，余生有几无须虑，日记重翻读用心。"

……

就在毛泽东等老一辈革命家关于"学习雷锋同志"的题词发表后不久，1963年4月，《雷锋日记》由解放军文艺出版社出版，在全国发行，这也是第一本正式出版的《雷锋日记》。

雷锋，只是共和国历史上的一名普通士兵。他并没有做出什么气吞山河的壮举，更没有牺牲于炮火纷飞的战场，而是在他22岁的时候死于和平时期例行任务中的意外事故。他牺牲的时候，10万市民自发为他送行。在他去世后的第二年，中国军队的总司令，国务院的总理，乃至新中国的最高领导人——毛泽东，都充满敬意地为其题词，悼念这位普通的小个子士兵。从这个意义上来说，雷锋享有了一个士兵，或者说一个普通人所能享有的最高荣誉。

随之而来，一场规模空前的学雷锋、争先进、做新人的群众性活动，在那个偶像辈出的黄金时代瞬间风行神州大地。个中盛况或许只能从那代人的回忆中重温："厂内墙上标语写的、黑板报上刊登的、宣传栏里张贴的、广播里广播的、电影上播放的，全是关于学习雷锋的内容；每天下班后，厂里组织全体员工一起学习，要求人们发言，或者写出学习体会，并将雷锋精神用到自己的实际工作中去，组织评比出学习雷锋先进个人和先进小组。那时，人人都把服务他人、助人为乐当做一种精神享受。"

在雷锋牺牲后的几个月里，发生在神州大地上这一件件关于"雷锋"的故事，一定是雷锋不曾想到过的。但是，雷锋如果真的地下有知，更令他惊讶的应该是——在雷锋离开的50多年里，"雷锋"须臾都不曾离开国人。

稍稍留意就会发现，我们生活中无处不有雷锋的影子——雷锋体育场、雷锋学校、雷锋储蓄所、雷锋纪念馆，以雷锋命名的建筑物或单位遍布全国各地；“学雷锋小组”、“学雷锋研究会”、“学雷锋基金会”、“雷锋车队”、“雷锋公司”，民间的学雷锋社团组织活力无限；更有那层出不穷的雷锋图书、雷锋雕塑、雷锋歌曲、雷锋游戏，让雷锋精神融入社会的血液和细胞。

雷锋精神，这一融民族传统美德、社会进步潮流、党的先进本色为一体的“精神样本”，跨越“从计划经济向市场经济”的改革而经久不衰。每年的3月5日，围绕毛泽东等老一辈革命家的题词，通过年复一年的学雷锋实践活动，一个国家的公民奉献意识得以强化、社会道德观念得以升华。

大科学家钱学森的书房里，静静摆放着《像雷锋那样做人》和《雷锋辞典》；他一生荣誉无数一向淡然，却唯独因与雷锋并称为“优秀共产党人”而“心情激动极了”。他说：“活着的目的就是为人民服务，如果人民最后对我的工作满意的话，那才是最高奖赏。”

20多年跋涉在大凉山深处、书写世界邮政传奇的王顺友，在路上累了，就会唱起自编的山歌，“党的领导指引我，要学雷锋一个样，为人民服务要到底，我和人民心连心”。好事做多了，乡亲们都说王顺友是雷锋。他说：“我比不上雷锋，但我要学雷锋。”

更多的是普通人，在绵绵延延的学雷锋实践活动中，他们以各种各样的形式参与其中，并养成了一生的习惯或义举，比如公交车上让座，捡到东西无偿归还；比如见义勇为觉得理所应当，无偿献血感到无上光荣，帮助别人打心底里高兴……

毫无疑问，雷锋已成为社会主义新人的标杆和典范。一代代新人沐浴着雷锋精神的阳光，健康成长。这不仅是一个令人惊叹的事实，或许应该是对雷锋最高规格的缅怀吧。

有一个名字，永远写在春天里；

有一种精神，持续传颂在神州大地……

第二章 解密雷锋

在新中国成长起来的雷锋，他的名字是一代中国人的偶像：作为一名普通士兵，几乎所有国家领导人都为他题过词，参观过他的纪念馆，发表过向他学习的讲演；他是中国少数能够以头像传世的人物之一；他的名字不断出现在小学的课本里；国家式的公共纪念活动年年举行；每年的3月5日，都有一批士兵、农民、工人以及科学家，因为在工作中取得先进业绩而被命名为“学习雷锋先进个人”；许多学者开始研究他的精神；至少有上千本的书在以各种方式记录着他……

然而，在2010年3月，伴随着学雷锋活动一起到来的，是一本名为《雷锋1940—1962》的传记。在这本颇具“颠覆”色彩的书里，雷锋是那个时代的时髦青年——他穿皮夹克，戴瑞士手表，爱留长发，骑着摩托车在天安门照相，甚至朦胧中喜欢过异性朋友……曾经被神话为几代中国人理想中的“完人”，居然是那个时代的“时尚青年”，一时舆论哗然……避开雷锋光环，以平常心去重新解读，会发现那个有血有肉、真实立体、生动鲜活的雷锋，这不正是雷锋精神在当下社会的现实意义吗？

1949年8月，雷锋的家乡解放。9岁的雷锋平生第一次看见毛主席领导的队伍，看见人民的军队。他拉住连长的手郑重地说“叔叔，我要当兵，带我一起走吧！”……10年后，当走进军营成为一名解放军战士的机遇再一次来临，两次被“淘汰”的雷锋，不达目的誓不罢休。他不仅拉了负责接兵的军务参谋的手，还耍起了赖皮、撒了谎，最后竟住到了辽阳市武装部政委余新元的家中……

有人说，尽管雷锋有一个苦难的童年，但新中国成立后他还是非常幸运的。上了学、当了工人，又参军入伍，在生前就已成为红极一时的英雄模范。命运之神一次次垂青这个并不起眼的“小个子”。事实真的如此吗？我们就来看看雷锋“当兵”的一波三折吧。

我们都知道雷锋是1960年1月8日参军入伍的。但实际上雷锋要当兵的想法早在他9岁的时候就已经萌生了。

1949年8月，雷锋的家乡解放。这是雷锋平生第一次看见中国人民解放军，看见毛主席领导的队伍。雷锋问一个士兵：

“你是怎么当的兵？”

“志愿当的呗。”

“我志愿行不行？”

“你？”那个通讯员笑了，“你还没有一支步枪高，就想当兵？”

“叔叔，我要当兵，带我一起走吧！”雷锋又拉住连长的手说。

“带你走？”连长笑着问他，“你为什么要当兵？”

“我，我要报仇，我要报仇啊！”

“我们都是穷苦人出身。你的仇我们大家替你报！”

“我要跟你们一起去报仇！”

“你的年纪还小，你现在的任务是要好好学习，做个好学生，等长大了再参军，保卫和建设咱们的新中国。”

连长好说歹说，才把他留了下来，临走时拉着他的手，把自己的一支钢笔送给了他。连长带着队伍沿着长宁公路前去剿匪。雷锋紧紧握着手中的钢笔，依依不舍地目送亲人解放军踏上征程。

连长说的话，让年仅 9 岁的雷锋心里感到热乎乎的。尽管没当成兵，但“成为一名解放军的想法”，一直延续了整整 10 年。1959 年 12 月的一天，走进军营成为一名解放军战士的机遇再一次来到雷锋身边，可是已经长大了的雷锋，还是不符合参军的条件。

据当时雷锋在鞍钢化工厂的工友乔安山回忆，雷锋一听说有机会参军，高兴得不得了，兴奋地跑到宿舍问乔安山：“小乔，报名参军，你去不去？”乔安山说道：“你去，我就去。”于是他们相约一同报名参军。

跟以前一样，雷锋通过发表文章的方法，让上级清楚自己立志参军报国的决心。于是，1959 年 12 月 9 日，一篇名为《我决心应召》的文章在弓长岭矿的《矿报》上发表（后被《辽阳日报》引用）。这篇文章的作者就是当时在鞍钢工作的雷锋。

12 月 3 日，当我听到车间总支李书记的关于 1959 年征兵的报告后，我激动得一时一刻都没有平静。深夜了，我怎么也睡不着觉，便从床上爬起来，跑到了车间办公室，叫醒了已睡熟的李书记，我问他，我能不能入伍呀！李书记笑着回答说：“能呀。像你这样身强力壮的小伙子，参加人民解放军是顶呱呱的呢。”他从头到脚仔细地看了我一下说：“哎呀，小雷怎么没穿棉衣呀！下这么大的雪，不冷吗？”这时我才觉得穿一套单衣有点寒冷，李书记把棉衣披在了我的身上。回到了宿舍，我还是不想睡觉，坐在条桌旁边写我入伍的申请书和决心书。

第二天一早，我想到车间去报头一名，天还没亮，哪知道回收工段适龄青年马守华同志比我更早，头一名让他得去了，真想不到我报的还是第二名。

参军！是我从小就有的愿望，人民解放军不仅是一个革命团结友爱的大家庭，而且还是个培养青年的革命大学校。现在我的愿望就要实现了，怎么叫我不高兴呢。

当我在入伍簿子上写到我要坚决“参军”二字时，一段辛酸的回忆涌上了我的心头：

我出生在一个很贫穷的农民家庭，父亲专靠给地主做长工来维持一家半饱的生活，终年辛勤的劳动，到了新年初一全家五口人有小米不到半升。抗日战争时期，我爸爸参加了革命，白天参加生产，到了夜晚就和村里的大人们集合起来打鬼子，后来不幸被捕，被小日本鬼子活活地埋葬，全家无法生活，我哥只好去一个小小的机械厂当学徒，我和妈、弟三人只好上大街讨吃。1944年，我哥在工厂双手被机器轧断，脑袋被撞破，鲜血染红了里外的衣裳，不到两天而死。我那幼小的弟弟受不住那种生活的折磨，第二年活活地饿死在街头。我可怜的妈妈呀！逼迫上了吊，剩下了孤孤单单六岁的我，只好给地主放猪，晚上和猪做伴，一旦到了冬天我冻得受不住，只好贴着肥猪的大肚子睡着，那大肥猪比我长得还高，它吃的比我还好呢，每天还有人伺候它，我呢？挨打挨骂是家常便饭，过着非人的生活。那时候我虽年纪小，对那些要命的野兽般的帝国主义和黑暗的社会是多么的入骨的痛恨。

那时我真想：要是有亲人来搭救我，我一定要拿起枪，粉碎那些狗豺狼！为爹妈报仇。

光明伟大的党啊！您搭救了我，给我吃的、穿的，还送我念书，戴上了红领巾，加入了共青团，参加了祖国的工农业建设，一天天地成长起来。

伟大的党啊！您是我慈祥的母亲，要是没有您我很难想象到自己的一切。今天您需要我，我一定挺身而出，不怕牺牲和一切困难，永远忠于党、忠于人民。继承长辈优良的革命传统，为建设现代化的强大的国防军，为保卫社会主义建设，保卫世界和平，我要把自己可爱的青春献给祖国最壮丽的事业！做一个真正的共产主义革命战士，粉碎帝国主义！

雷锋的决心书，充满了对党的感恩之情，洋溢着参军保卫新中国、保卫党的决心。读者怎能不为之动容？但是，谁成想第二天，也就是12月10日，在第一轮目测时雷锋就被兵役局和接兵部队“淘汰”了，原因是“身材矮小”。这让雷锋好不沮丧。当满载具备体检资格的应征青年的解放牌汽车开动时，不甘心就这样与军营失之交臂的雷锋，竟然要起了赖皮。他紧跟着车尾追上了去，不顾兵役局同志的劝告爬上汽车，硬是跟到了体检站。

体检站设在辽阳小屯的一座小学校内。雷锋作为体检编外人员，心情很是低落。等待体检的人，有的结伴上街游玩，有的三五成群闲谈，只有雷锋拿起笤帚扫院子，把作为临时宿舍的教室逐间打扫干净。当几近绝望的雷锋见到接新兵的团军务参谋戴明章时，他已经顾不得一切了，紧紧拉着戴明章的衣襟，苦苦哀求戴明章，请求他批准自己参军。

然而，现实就是现实。体检结束了，雷锋还是不合格。雷锋身高只有1.54米，体重还不足55公斤，这些都不符合征兵的基本条件。

体检时场景，当年的鞍钢弓长岭矿焦化厂总务股长陈日东，依然记忆犹新，“检查身高时雷锋把身子挺了又挺，还踮起脚来，才1.54米，量体重54公斤。给他体检的伍哲明是个老医生，摘下花镜说，‘雷锋，你的身长、体重都不合格。’雷锋回答，‘这两天感冒，今早到现在还未吃饭。’当时我还在旁边说，‘小雷，说话要实事求是。今天早晨我们不都是吃了两个酥火烧、一碗酸菜吗……’”

伍哲明笑着对雷锋说：“你肚子好大呀！一顿饭能吃两斤。”雷锋却十分认真地回答：“医生，我真的很能吃。”雷锋一句天真的话逗乐了伍哲明。伍哲明尽管被这个“撒了谎”的小个子磨得没有办法，但面对严格的征兵条件，也表示爱莫能助。

换做别的人，可能也就死心了。但雷锋就是雷锋。凡是认识雷锋，并跟他打过交道的人无不领教过他的“执著”，也正是这份“执著”屡次改变了雷锋的命运。

体检后，雷锋又几次去找接兵参谋戴明章，对他们说：“如果不给我换军装，我就穿便衣去。”焦化厂的领导李钦荣面对雷锋这种对参军的执著态度和决心，心情很矛盾，如果不同意雷锋去当兵，他将无法面对雷锋的执著；如果同意他去当兵，李钦荣真的非常舍不得这个“干一行爱一行，干一行钻一行”的生产骨干。雷锋抱着“不达目的绝不罢休”的心态，向焦化厂的领导请了假，从弓长岭走了几十里路来到辽阳市武装部。他几乎天天都去恳求那里的工作人员让他参军。为了见到工作繁忙的辽阳市武装部政委余新元，雷锋甚至在值班室里整整蹲了一宿。

几天之后，雷锋终于见到了余新元。天生健谈的雷锋，缠着余新元反复向他申明自己的理由。雷锋的逻辑是：自己的身体条件不合格是有原因的，完全是因为旧社会的苦折磨的。造成现在的这种状况只能算在旧社会受的苦的账上；又说自己参军不是为了出名，不是为了个人利益，而是为了保卫国家和人民的利益；还说参军是按照毛主席的教导来做的，人民最需要的地方就是我要去的地方……面对雷锋的“死缠烂打”，余新元被感动了，答应破例给他争取一次复检的机会。

但能不能争取来，还要看上面领导的意见，余新元让雷锋耐心地等几天。

让余新元没想到的是，第二天，雷锋就拎着一只棕色小皮箱跑到兵役局里来了。他说：“政委，我把这点家当都带来了，这回我走定了，叫当不叫当都这样了！”他放下皮箱就开始抹桌子，扫院子，打开水，到处抢活干，以少见的固执与坚决，让部队领导对他刮目相看。

接下来，有更多的人开始为雷锋做说客。这些人中有矿上的领导，也有担任体检工作的医护人员，还有兵役局的工作人员……看了他的行动、听了他的演说，大家无不为他苦难的家史而心酸，无不为他热切的愿望所感动，大家都愿意尽自已所能来帮助这个小伙子实现愿望。

最厉害的招法还在后面，雷锋竟拎着自己的家当，跑到余新元的家里住了下来，扫地、打水、擦玻璃、生炉子……甚至与余新元的爱人田儒文（当时为辽阳医院外科医生）也相处得跟亲生母子似的。这一住就是58天。58天的相处，雷锋不仅做了太多平凡的小事，而且仅有初中文化水平的雷锋更以对《毛泽东选集》的见解深深打动了余新元。他对这个小伙子充满了敬佩，也更加积极地为雷锋参军的事而奔走。

精诚所至，金石为开。就这样，这个身高、体重等自然条件并不符合招兵标准的湖南小伙子，凭借着对党和新中国的热忱，凭借着同龄人少有的执著，终于让兵役局的领导为他开了一个“后门”。1960年1月，雷锋如愿以偿地被批准参军。

这段雷锋“走后门”当兵的故事可能还不为太多的人所知。读了它，亲爱的读者们是不是能更好地触摸到蕴藏在雷锋身上的那股子执著了呢？是他的执著“感动”着命运之神。其实，雷锋的执著不仅仅表现在参军入伍这件事上，凡是他认为能更好地“为人民服务”的事，他都会像“钉子”一样执著地做下去。

1958年，雷锋在团山湖农场做拖拉机手时，听说县委有保送上大学读书的机会，为了能够提高自己的文化水平，他立即向县委领导请求，希望能给他一个去大学深造的机会。但是，由于当时保送名额已经确定了，雷锋的这个愿望没能实现。所以一直到雷锋牺牲，他的文化水平也只是初中毕业。为了弥补旧社会留给自己的文化过低的遗憾，尽管不能去大学学习，雷锋就在团山湖农场利用一切机会多学、多干。当时农场里的人都说，雷锋是个见了什么都想学学的人，他的人生字典里没有“疲倦”这两个字。

当时，团山湖农场有两匹马，一匹是大白马，另一匹是小黄马，用来拉犁种旱粮。雷锋对骑马产生了兴趣，可他从没有骑过马，就非常想学。开始，看马的老人家不许他学，怕摔伤了他。雷锋便趁人不备时偷着骑了一次，结果狠狠地摔了一跤。这件事被告到团支书那里，雷锋向看马的老人家做检讨，说自己学骑马只是想多学一门本事，将来能为国家多做一份贡献……

不久，农场有了拖拉机，两匹马也就“失业”了。农场的年轻人都想学骑马，几个人上去都摔了下来，也就不学了。雷锋又按捺不住，纵身上马，也被当众摔倒在地。但雷锋却没有放弃，发誓一定要学会骑马。

于是，他几次三番地去“磨”看马的老人家，求教一些骑马的秘诀。老人耐不住他的缠磨，告诉雷锋要想骑马，首先要和马建立感情。于是雷锋每天牵着马吃草饮水、帮它梳毛……

经过一番努力，雷锋终于学会了骑马。自从学会了骑马，雷锋就利用骑马的技能“为人民服务”。团山湖农场共有5个工区，在那个年代，传递信件和通知都是靠步行。雷锋学会骑马后，就把这些活儿包揽了。

每次骑在马上，也许都是雷锋最自在、最潇洒的时候吧。那段日子里，每到下工时间，那些没学会骑马的年轻人总会羡慕地看着雷锋骑着马在湖边散步，脸上洋溢着幸福的微笑。

在部队，雷锋被分到了二排四班，开着一台13号解放车上了建设工地。汽车兵雷锋在新的岗位上创造着新的辉煌，别人手里的"耗油大王"车，一旦到了他的手里就成了"节油标兵"车。而且，雷锋所带领的四班创造了在山区行车2.6万多公里，从未发生过任何事故的记录。

有人说，雷锋聪明过人，甚至于小小年纪有着非常明确的职业规划，所以一步步走来，在每一个岗位上都延续着辉煌，进而成为全国人民的精神偶像。初中毕业的雷锋真的如一些人所言，聪明如斯吗？

据雷锋的小学老师回忆说，雷锋并不聪明，上学时也不是班里学习最好的。1950年夏末，就是在雷锋已经差不多10岁的时候，在当地政府的关怀下，雷锋才走进了学校。有专家研究表明，这个年龄已经过了儿童智力开发的黄金期，所以雷锋的智力非常一般。而且，当时正值新中国成立初期，各方面条件都异常艰苦，雷锋的家乡几乎没有一所完整的小学，雷锋辗转五个学校才得以读到小学毕业。在整个小学阶段，雷锋给老师、同学留下的印象就是尽管不是很聪明，但却有着超人的刻苦和事事都想争第一的精神。有个同学曾给雷锋编过一个顺口溜，至今还在当地传颂："小小雷正兴（雷锋原名），家里贫又穷，赶路几十里，早到第一名，学习他最好，活动他最行。大家学习他，争做好学生。"同学夸他学习最好，是指他不怕困难，发奋读书，考试成绩总是全班前几名；夸他"活动最行"，是指他热心于少先队活动，什么旗手、鼓手、中队委员、少先队代表，他都干得很出色。

中国有句俗语，"三岁看老"。其实，聪明的读者读到这里，就应该知道一点雷锋为什么能够在每一个平凡的岗位上都会干出不平凡的业绩了。真的是他聪明过人，亦或是真的从小学毕业就做了所谓的"职业规划"？我们再来看一段雷锋的故事——

参军之后，雷锋被分配到汽车连，成为一名专业的汽车驾驶员。尽管之前有开车的经历，但当时雷锋在驾驶技术上并不是很突出。当年汽车连的代职副指导员庞士元清楚地记得：有一次训练，他跟雷锋的车，坐在车厢内从玻璃窗看他，总觉得他手忙脚乱，满头大汗。“回连后问他为什么那样，他说驾驶时间少，抓住方向盘，心里有点慌。问他为啥驾驶的时间比别人少，他说他经常被派去搞卫生或到菜地里锄草。”庞士元问他为什么不提意见，雷锋回答说搞卫生、拔草总是要有人去做，别的同志多上车先学好，也对连队有好处，自己慢慢学还是赶得上的。“我看他那认真而毫无做作的表情，自己倒感到难为情了。”庞士元在回忆中这样写道。

尽管打心里佩服雷锋，但庞士元还是善意地提醒雷锋，要尽快提高驾驶技术。从此，雷锋更是抓紧一切时间，不放过任何机会去练习，以至达到了痴迷的程度。每次外出乘公共汽车，雷锋总是站在司机后面，细心观察司机在各种情况下的动作。有一次他坐兄弟部队的卡车回营，途中发现汽车突然故障性减速，他急忙透过驾驶室的后窗看驾驶员怎么处理。雷锋新奇地发现驾驶员拉了一下“阻风”，车停之后，马上就去请教做这个动作的原因。驾驶员告诉他拉“阻风”是为了增加混合汽的浓度，以提高发动机的动力，在冷车发动和行驶中动力不足时，就需要拉“阻风”。雷锋大受启发，不仅自己记下了这种情况的处理方法，而且回到班里马上就把“偷来的技艺”传授给其他战友。

在雷锋入伍的第一年里，因为其特殊的身份，大部分时间都是在作报告和参加各种会议中度过，所以，雷锋没能系统学完驾驶理论，实际操作更是少之又少，技术业务受到了很大影响。连里担心雷锋在开车技术上落后，就和雷锋商量，怎样才能把技术搞上去。雷锋就利用休息时间“恶补”外出作报告和开会时落下的训练，他甚至发明了一个汽车模拟教练台。这样，就可以在别人都休息的中午，在教练台上练习操作。在雷锋的刻苦努力下，他的驾驶技术有了突飞猛进的提高，终于以优异的成绩通过了连队考核。与此同时，他的精神还带动了连里其他落后的同志。

考核合格后，雷锋被分到了二排四班，开着一台13号解放车上了建设工地。汽车兵雷锋在新的岗位上创造着新的辉煌，别人手里的“耗油大王”车，一旦到了他的手里就成了“节油标兵”车。

发车下石碑山，经过水沟一条，土包一个，直角弯一个，到上石碑山。经横道河，过水沟一条，经过一个急转弯，过水沟两条，到金花楼。过桥过水沟一条，过桥，经过山道弯急，过桥，上大坡，到会源堡。拐直角弯一个，走山道，有急弯两个，过木桥，到后兴安堡。拐急弯一个，过水沟，拐急弯，过木桥到前兴安堡。过木桥两座，拐急弯过桥，过小河，拐急弯，过土包到大马金庄。过桥两座，土包一个，到小马金庄。拐急弯，上抚顺，大岭，过水沟一条，到抚顺城。过铁道拐急弯，过交通警两个，经铁桥，走转盘，过交通警两个，到抚顺市，到火车站。

这是什么？读到这里您一定非常困惑。这是当年雷锋所在班在山区执行运输任务时，为了保证行车安全，顺利完成任务，雷锋经过反复勘察总结出来的“下石碑山至抚顺道路情况”口诀。这也正是四班在山区行车共2.6万多公里，从未发生过任何事故的“秘诀”。雷锋的刻苦、认真、细致更让战友们佩服得五体投地。

……

类似的故事在雷锋事迹中可谓比比皆是。这份不懈怠的“刻苦”、“认真”， 这种“干一行、爱一行、钻一行”的境界，伴随着雷锋走完了他短暂的人生旅程，也让并不很聪明的雷锋在每一个平凡的岗位上，都拥有了出色的成绩。50年后的今天，我们可能依然没有办法去探究雷锋到底是怎么想的，也许当年的他还不懂得所谓的“职业规划”，但有一点是可以肯定的：不管做什么职业，都一定要把它做到最好，这能不能算做雷锋的职业理想或者是职业梦想呢？

小学教材里有一课书叫《雷锋叔叔，你在哪里？》。实际上，20世纪80年代之后，这篇文章是对于每名中国人的一个诘问。每个相信过雷锋与认同过雷锋的人都在反思自己是否在哪里与这位精神上的朋友发生了错位……2006年，雷锋在天安门广场骑摩托的照片，被出版界公开，一个健康、阳光、时尚的小伙子跃然纸上。我们有理由去大胆假设，如果雷锋生活在今天的时代，他一定不仅只会出现在做好事的现场，也一定是“达人秀”、“星光大道”这些秀场的活跃分子。

从新中国激情燃烧的岁月里走出来的雷锋，代表了热情建设社会主义、努力朝着共产主义前进的“无私奉献”的红色一代。历史变换了新的背景，对于中国当代年轻人来讲，雷锋更像一个“不食人间烟火”的完美圣人，发生在他身上的一切，更像一个“可望不可及”的神话传说。一篇《雷锋叔叔，你在哪里？》的小学课文，表达的不仅是人们对雷锋的不尽思念，更多的还有对精神家园的诘问、反思。

其实，雷锋不是神，他和你我一样，都是生动而平凡的人。

已经80多岁高龄的时任沈阳部队工程兵部摄影干事张峻，曾和雷锋有过长时期的相处。他说，雷锋之所以让他感动，就是因为雷锋是个普通人，有缺点，也会犯错误。张峻老人回忆，雷锋也会年少轻狂，会偶尔向人炫耀一下他的军功章；他在外面做好事，常常会回得晚，偶尔在部队里还会不守纪律，所以也受批评；他甚至直接到厨房自己拿吃的，炊事员说他两句后，他气得“呱”就把盆摔了，但第二天又主动去检讨，说自己做错了。

但是，这些所谓的“小瑕疵”从未妨碍雷锋行使心中的善；也不妨碍雷锋省下钱、支援灾区支援人民公社建设；也不妨碍他做好事，不妨碍他见义勇为。这些所谓的“小瑕疵”，也并没有让“偶像”坍塌，反而让我们觉得，雷锋原本就是一个可亲、可爱而善良的孩子，他就在我们身边。

“雷锋喜欢照相。”张峻回忆，雷锋一见他带着照相机，就主动要求张峻给他拍照片，“张干事，给我照个相呗。”特别是在雷锋成名后，被拍摄的机会很多。最初面对镜头时，他有些羞涩，忸怩着，不知如何是好。报告的场合越来越多，照相越来越密集，雷锋也越来越懂得照相，他知道如何按照张峻的意图去摆出姿势。

张峻一共为雷锋拍了200多张照片。时至今日，每当看到雷锋那张背枪的照片，张峻老人仍然兴奋不已，总是喃喃地说着：“雷锋会照相，特会照相。你看这精神头儿多足。”雷锋短短22年的人生历程留下了几百张照片，当然这其中绝大多数是为了配合宣传他的先进事迹而拍摄的新闻照片。但除去这些宣传照片以外，雷锋还拍摄了一些非常时尚的生活照。近年来，随着这些生活照被出版界公开，一个健康、阳光、时尚的小伙子跃然纸上。

在从团山湖农场去鞍钢报到途经北京时，雷锋来到他向往已久的天安门广场。跟其他来到天安门的人一样，雷锋要在天安门广场上留影作为纪念。他先照了一张手拿编织提篮的全身像。这张照片后来公开发表时被做了处理。有人说，雷锋是先进典型，手提花篮不符合他的身份，于是，曾经我们看到的是没有花篮的雷锋的照片。直到今天我们才看到了这张照片的真实版本。

拍完这张照片时，雷锋突然看见一个青年在广场上骑着摩托车照相，他兴奋得不得了，赶紧跑过去借来又照了一张。于是，我们看到了一个跨着摩托车飞驰的雷锋。这张照片显得很宝贵，因为那时很少见到能在天安门骑摩托拍照的。雷锋绝对称得上是“摩登”青年。

结束扩建工程的沈阳军区雷锋纪念馆中新增加了一幅照片，照片上的雷锋左腕戴着一块手表。他注视着时任沈阳军区政治部副主任的朱玉山为其题字，朱玉山鼓励雷锋好好学习。为什么一张照片被雪藏了这么多年，因为这张照片中我们可以清晰地看到，雷锋的左腕上戴了一块手表。要知道那时候戴手表的人是不多的。人们腕上的手表不仅执行着钟表的功能，更主要的是时尚魅力的彰显。在那个极“左”年代里，雷锋被塑造成了不食人间烟火的“神”，所以这种照片是不会被允许公开发表的。如此，这幅珍贵的雷锋照片终于出现在广大观众面前，我们也看到了一个更真实的雷锋。

这张照片拍于1959年12月22日。照片上的雷锋穿着皮夹克、皮鞋，这时候的他，已是鞍钢的一名先进青年。照片上看不出他是一个工人，我们看到的完全是一个衣着流行，激情飞扬的时尚青年形象。

雷锋平生最大的几笔消费，都是在鞍钢工作时期。据雷锋的工友乔安山（后来成为雷锋的战友）回忆，那时的雷锋一个月工资有30元左右，因为他是孤儿，所以在经济上没有负担，本来就喜欢赶潮流的雷锋，也具备了赶潮流的条件。在化工总厂洗煤车间时，雷锋上下班总是穿着一套工厂发的劳动服和大头鞋，业余时间也还是这种打扮，同事们都劝他去买件流行的皮夹克。刚开始，雷锋还不同意，后来在几个老乡的再三鼓动下，雷锋终于去商场里购置了平生最豪华的一套新衣：一件棕黑色的天津公私合营华光皮件厂出品的“光荣花”牌皮夹克，定价44元人民币，一条深蓝色的料子裤，一双黑色皮鞋，还买了一瓶“友谊牌”雪花膏。

要知道那个年代小伙子搽雪花膏是极其少见的，只有姑娘们才会这么做。在宿舍里，雷锋一穿上新衣服，形象大变，同事们赞不绝口，都说“现代化的工人就应该是这个样子”！雷锋不仅穿了新衣服，而且还和工友们一起去跳舞。当时中苏两国关系很好，中国不少东西都学苏联，跳舞就是其中的业余活动。

过了不久，党的八届八中全会公报发表，工厂里作了传达，听到党中央指示厉行节约、反对浪费、勤俭建国，雷锋找来一个包袱，把新买的衣服全部包起来，压在箱底。再后来雷锋入伍，在排演一个叫做“老刘的故事”的时候，有人提出集体朗诵的演员不一定都穿军装，提议去市文工团借几套衣服。雷锋从皮箱里翻出了皮夹克和当时买的裤子等交给了导演。演出以后，雷锋再也没动过这件皮夹克。雷锋牺牲后，战友在整理其遗物时发现了他的这身时尚服装，竟被作为一个政治事件上报给部队首长。不过，在一切泛政治化的年代里，这也不难理解。

其实，生活中的雷锋就是这样的，与所有的年轻人一样，同样拥有热爱生活的爱美之心。雷锋个子不高，但非常利落精神。他很注意自己的仪表，总是把自己打扮得精精神神的，从不邋遢。雷锋在望城县委机关工作时，也拍过一些工作照，从这些照片中我们经常能看到，穿着虽然很朴素的雷锋总是把很规整的衬衣领子翻到外面，显得整个人特别精神，而且还与众不同。这在当时也是比较时髦的穿法。当年负责接兵的戴明章对“雷锋的爱美、爱照镜子”至今记忆犹新。他回忆说：“入伍时，雷锋刚刚穿上新军装，兴奋得没法形容。那是剩下的最后一套军装，既肥大又多皱，小个子的雷锋穿上那么大的军装，满脸堆笑，手舞足蹈，左一个军礼，右一个军礼，对着一个小小的镜子不停地照啊照。”

……

这么多的镜头，串起了一个时尚的潮流先锋。雷锋的确骑过摩托车，但这与他爱岗敬业的工作态度并不矛盾；雷锋确实有过手表、皮夹克，但这与他艰苦朴素的生活方式并不冲突。回顾雷锋22年的人生，你会发现雷锋从来就不是一个落伍的人，他一直都是共和国五六十年代的潮流先锋，他戴红领巾、主动回乡当农民、当政府公务员、学开拖拉机、喜爱拍照片、发表文章、成为炼钢工人、穿皮夹克戴手表、参加解放军、学习《毛泽东选集》……这一切正是那个时代的主流生活。

雷锋忘情地抱住了《治沩工地报》编辑彭正元的脖子，很激动地说："如果我们能够将人民改天换地的伟大斗争以文艺形式表现出来，那该多有意思啊！"雷锋去世后，从他留下的诸多文字的风格中，我们可以明显地感觉到他是一个有潜质的文学爱好者，用今天时髦的话说，他曾是个怀揣着"作家梦"的文艺青年。

要说雷锋留给后人最多的文稿，当属著名的《雷锋日记》。这份20多万字的《日记》手稿，是雷锋的学习体会、雷锋的"思想火花"，其中渗透着他对"为人民服务"的理解，对人生的哲学思考。一代伟人毛泽东也曾在一次会议上这样评价雷锋："我看过雷锋日记的一部分，雷锋是懂得一点哲学的。"

但实际上，雷锋不仅是一个"小哲学家"。他18岁时写的《我学会开拖拉机了》一文，被《望城报》登载。20岁时写的《我决心应召》一文，不仅成就了雷锋参军报国的夙愿，而且被当时的《辽阳日报》采用。参军后，在给沈阳军区机关办的《前进报》写稿时，雷锋曾得过"红旗稿"奖励，并且被著名的《解放军报》聘为通讯员。在新近出版的《雷锋全集》中，收录了雷锋生前所写的日记、讲话稿等，还收录了他创作的30多篇诗歌、3篇小说以及10篇散文。透过这些文字，可以看出雷锋这位素以人格、行为感染两代人的士兵，竟然也走过创作的路。

雷锋的习作《我学会开拖拉机了》文中，用颇有文学色彩的笔调，生动地描述了自己学会开拖拉机后的兴奋心情。尽管文字略显稚嫩，但不能否认雷锋具备了文学创作的潜能。这篇文章被刊载在 1958 年 3 月 16 日的《望城报》上。

说起雷锋这篇文章的写作和发表，得益于当年《治沩工地报》的编辑熊春祐。

1958 年 3 月 10 日，熊春祐写了一篇文章记录了雷锋学会开拖拉机的情景：

那天，一轮红日从东方冉冉升起，嫩草上的露珠晶莹放亮，整个农场沐浴在金色的朝霞里，更显得生机勃勃。听说小雷今天试车，场里的工作人员都跑去看，连炊事员也去了，十多个人排成一线，像为他举行试车典礼似的。车上有两个座位，平时陈师傅坐正位，小雷坐在侧边。今天互换了位置，小雷坐到正位上来了……只见他把右脚往下一踩，拖拉机便突突响了，接着把踏离合器的左脚慢慢抬起，车轮向前滚动，五铧犁后面出现五道弯弯的泥浪。他像第一次驾驭脱缰的野马，心有点慌，机身忽左忽右，后面的泥浪歪歪曲曲，小雷额上冒出豆大的汗珠……他定了定神，很快地把住方向盘，拖拉机终于按照他的意图平稳地前进了。农场的同志都很高兴，场长李庆发叫伙房加了两个菜，祝贺小雷试车成功。小雷别提有多高兴了，吃饭时还在回味试车的事，同志们给他敬菜，他一时还没有反应过来，连身子也没动一下。大伙见他那副专心致志的样子，差点笑出声来。

雷锋读了这篇文章后，看到熊春祐把自己初次驾驶拖拉机描写得如此生动，非常喜欢。于是，他也想试着记录并抒发一下自己的感受，饭后雷锋就向熊春祐虚心地请教如何来写这篇文章，并连夜赶写出来。经过熊春祐的修改，并在其帮助下，文章被送到县级的报纸《望城报》。6天后，也就是3月16日，雷锋写的文章《我学会开拖拉机了》变成铅字发表出来。这是雷锋发表的第一篇文章。

我学会开拖拉机了

3月10日，是我永远不能忘记的日子。这天，我第一次学会了开拖拉机，心情是何等激动啊！

我7岁时父母双亡，变成了一个可怜的孤儿。那时，在国民党反对派统治下，只得给地主放牛，吃不饱，穿不暖，经常挨打挨骂，过着牛马一样的生活。

自从来了人民的救星——共产党，把我从火坑中拯救出来，送我上学，给我吃的穿的，把我培养成一个有一定知识、觉悟的青年；使我于1956年投入革命的怀抱（在县委当通信员），并在1957年2月加入了自己光荣的组织——青年团。

今年1月底，团县委号召建立望城第一青少年拖拉机站，接着又看见农学院的拖拉机来支援团山湖犁田，我多么想当一名拖拉机手！我就把节约下来准备做被子的20元钱，全部捐献了，只想拖拉机站马上建成就好。

这次，党批准我到农场来，我真是高兴极了。2月26日，我光荣地走上了劳动战线——到了团山湖农场，学习驾驶拖拉机。

当我第一次爬上拖拉机驾驶台学习的时候，我真高兴得要跳起来。我坐在驾驶员的身边，专心地看他怎样操作，怎样转弯，怎样发动汽油机……老陈一面驾驶，还一面告诉我操作方法和各部分名称，我一点一滴都记在脑子里，并写在日记上。这几天，我总是睡不着觉，起来又去学习，只想早一日学会，早日为祖国出一点力量。

学习了一个星期，懂得了一些操作方法和基本知识，老陈就让我试验驾驶，他真的让出座位，站在一旁指点我。我一坐上驾驶台，心跳得很，生怕开不动，别人会讥笑；又怕没有力，转不动方向盘；还怕刹不住车，就更糟。我的心情既紧张，又快活，手脚都不由自主地颤抖起来。老陈对我说："不要怕，要放勇敢些！"这时，我才把油门加大，把离合器向上一推，拖拉机嘎嘎地开动了。可是，拖拉机总不听我的指挥，走弯路。开了一会儿，我不怕了，心也跳得不那么厉害了，手脚也慢慢地不发抖了。这时，拖拉机也听我使唤了。在这个时候，我的心情又是多么喜悦呀！我回头望望，看到那可爱的肥沃土地，很快地被犁翻了，仿佛看见了一大片绿油油的可爱的庄稼。

今天，真有很大的收获，过得真有意义。下班以后，脑子里一个转又一个转地想着。吃饭的时候，还好像坐在拖拉机上似的，不停地摇晃着；拿起筷子，像握住拖拉机的操纵杆一样，随手拽动。两只脚像踏在"刹车"和"油门"上，自然地踏动着。我在想，今天这样幸福，不是党的培养，又是哪里来的呢？

我一定要以实际行动，来报答党对我的亲切关怀和照顾。一定努力钻研，勤学苦练，克服一切困难，忘我地工作，争取做望城县的第一个优秀的拖拉机手。

《我学会开拖拉机了》一文的发表，似乎激发了雷锋的创作梦。在治沩工地期间，爱看英雄题材小说的雷锋在和望城县委组织部的彭正元（当时《治沩工地报》的编辑）一起散步时，认真地谈起自己的"作家梦"，他希望自己也能把“改天换地”的现实，用文艺小说的形式表现出来。

不久，雷锋又受到高玉宝写作《半夜鸡叫》的启发，也想写一部自己的家史。他甚至进行了初步构思，计划分10章，约写10万多字，并断断续续地写出了两章。熊春枯是少数看过这些初稿的人，但他印象中这些书稿后来被遗失了。《雷锋全集》里收录的《一个孤儿》的自传体小说，或许就是保存下来的其中的一些片段。

一个孤儿

（1958年10月）

听说李斌调来我们国营团山湖农场工作，我真是高兴极了。在小学里我和他是同学，因他也是一个可怜的孤儿，我很同情他，把他当做我的小弟弟看待。

相会

2月26日，乌云布满了天空，天上的电火也闪了起来，春雷轰轰地响着，雨呀、风呀一齐到来了。树枝吹得弯弯的，高山上的水往低处奔流，一会儿小溪里小河里的水都灌满了，直向大河流去。

为了今年农业大丰收，为了抓时间抢季节，我和拖拉机手老陈、老李、老温等一同驾驶着拖拉机到地里工作，农场里的工人们都拿着锄头出发了。我们的车子开上了新堤，这时我突然感到有人喊我似的，可是我还听不清楚。我想也许是大风吹的声音吧？机器的响声使我听错了吗？我仍开着车子走。车子没滚上几圈，好像又有人在喊：正兴哥，等一等；正兴哥，我就来了。我想这下可真的有人在喊我，一定没有听错。我停住车，立即向四面张望，忽然看见前面有一个人挑着行李，头戴斗笠，打着赤脚。那人走路好像跳舞一样，摇摇晃晃的。我两眼直盯着那人，可是猜不出是谁？

我想着，那人是小李吗？不，他在望城县委工作了两年，党委对他那么的关心，再加上他年纪轻（十几岁），这样不好的天气不会要他来。我又想：他在县里工作了两年，一定买了伞和雨鞋，不会戴斗笠打赤脚，左猜右猜怎么也猜不着。越走越近了，只离50来步远，这下我才认清了，原来就是李斌。我以上的那种猜想为什么那样糊涂呢？李斌微笑着，和我亲热地握手。我笑着说：李斌，你还和过去那样朴素啊！个子可长高了些。他高兴地对我说：正兴哥，我为了响应党的号召，党为了培养我们又红又专，我迫切要求到农村参加劳动锻炼，今天党委批准了我下放到农场当新式农民，我真有说不出的兴奋。上午10点钟我就办好了手续，准备来农场。后来县委张书记找我谈话，指引了我前进的方向。县委会的全体干部同志为我们下放的同志开了一个欢送会。我真感谢党和同志们对我的亲切关怀和照顾！我全身像有一股暖流在沸腾！那些英雄人物在不断地鼓舞着我。领导上留我在机关休息两天，我怎么能休息呢？所以我今天就冒着风雨赶到农场来。

正兴哥，我这次下放，一定要大干一场！准备出几身黑汗！打几个泥滚！宁愿少活十年，把农场建设好！争取在农业战线上立功当模范！

我把他送到场部，把介绍信交给了李场长，李场长看完了介绍信，就笑着和李斌握手，互相问好。然后李场长安置他在第四工区参加生产。李场长要他好好休息一天。可是李斌呢，把东西往四工区宿舍一放，就扛起锄头和工人一起参加生产去了。我也跑步往工地上班去了。

没几天我就听工人反映说，李斌不错，大家都敬佩他。他和工人一起生产的日子久了，大部分工人都纷纷反映到厂部，领导说李斌吃得苦，积极肯干，关心工人，能团结互助，有高度的阶级觉悟。李场长给予他表扬和鼓励，我也感到非常高兴。

……

雷锋在团山湖时期还创作过一篇短篇小说《茵茵》，但和《一个孤儿》一样也没有最终完成。另外，还有一篇没有标题、没有结尾的小说，小说的开头很有韵味：

三月间，一个晴朗的日子，姑娘们你伴我、我叫她，成群结队地奔上山岗，到处寻找各种野菜，她们是多么快乐啊……

雷锋不仅写小说，还写诗歌。他曾经写过的《南来的燕子啊》，完全是一首新体抒情诗。

南来的燕子啊

南来的燕子啊！
新来的候鸟，
从北方飞到了南方，
轻盈地掠过团山湖的上空，
闪着惊异的眼光。
我分明听清了呢喃的燕语，
像在问："为什么荒芜的团山湖，
今年改变了模样？"
南来的燕子啊！
让我告诉你吧：
团山湖这片未开垦的处女地，

是由于党的巨大力量，
才围垦成一个新的农场；
是他们——农场工人们，
用勤劳的双手，
给团山湖换上了新装。
南来的燕子啊！
也许母燕曾向你说过旧时的惨相；
往日的团山湖——
湖草丛生，满目荒凉，
洪水一到，一片汪洋，
十年前有人三次收款，三饱私囊，
围垦团山湖只是一个梦想。
如今的团山湖啊——
良田万顷，满垄金黄，
微风吹过一片稻香。
新修的长堤像铁壁铜墙，
洪水已再不能称凶逞狂。
红旗插在社会主义的农场，
到处是谷满仓、鱼满舱，
祖国又添了一个“鱼米之乡”。
南来的燕子啊！
你可不用惊呆。
不是晴天里响起了春雷，
而是拖拉机在隆隆地开；
不是沟渠里的水能倒流，

而是抽水机在把积水排。
为什么草坪上格外喧腾?
那是饲养员在牧马放牛!
南来的燕子啊!
你是这样轻快地飞翔,
许是欣赏这美丽的景象:
蜿蜒的八曲河像一条白银管,
灌溉这片肥沃的土地,
团山湖与乌山对峙,
是天生成的一幅屏障。
这景象是诗情也是画意,
活跃在这诗画般怀抱里的工人,
更是些生龙活虎般的健将。
有的是双手拿惯了锄头,
有的是才放下笔杆才放下枪。
他们豪迈地这样说:
这是一所新的国营农场,
也是一所露天工厂,
还是一个培养红透专深人才的学堂。
……
南来的燕子啊!
你不用再寻旧时代的屋梁,
无论你飞到哪里,
再也找不着你从前住过的地方。
去年这里是荒凉的地方,

今年变成了高大的厂房，

欢迎你到新的农场宿舍来拜访。

但得请你告诉我，

你可知道你所飞过的地方，

新建了多少这样的农场？

诗中作者借用与一只燕子的虚拟交流，生动地写出了他所为之奋斗的团山湖所发生的可喜变化。翻翻那个时代的文学作品，可以看出，这种歌颂型的抒情手法在当时颇为流行。仅有高小学历的雷锋在诗中能如此娴熟地运用这种写作手法，不能不让我们惊讶他的才气。

而且，雷锋的诗歌不仅有“文艺青年”的才气，在一定意义上更展现了一名“政治青年”的大气。

1958 年 5 月，在美国的煽动下，台湾局势紧张起来，接下来几个月，两岸之间大事不断：炮击金门、美国第七舰队进入台湾海峡、中国政府发布《告台湾同胞书》……所有的中国人都关注着台湾，雷锋也不例外。在团山湖农场，雷锋挥笔写了一首名为《台湾》的诗歌，虽然没有公开发表，但足以表达雷锋对祖国宝岛台湾回归的热切期盼。

台湾

我不是个音乐家，我不会歌唱，

我也不是个作家，我更不会朗诵，

可是我的心正在燃烧，正在激荡！

它已长上了翅膀，到处地飞翔，

越过那起伏的高山峻岭，

飞过那碧波万里的海洋，

飞向那遥远的地方——

台湾，

自古以来就是我国的领土，

是我们最可爱的家乡，

那里有着无限的珍宝，

埋藏在那宽大的胸膛。

一片黑黝黝的森林呀，

可以盖上那千万座高大的楼房；

遍地耸立着粗壮的甘蔗，

制造出许多雪白的方糖；

那鲜嫩的乌龙茶叶，

驰名于国际市场；

那盛产菠萝和香蕉的园林啊！

吐露着扑鼻的清香；

那一年两熟的蓬莱米啊！

做起饭来焦黄喷香；

煤呀、铁呀更是不可计量……

台湾人民世世代代、子子孙孙，

热爱生活，热爱自己的家乡。

……

雷锋创作诗歌主要是在团山湖农场工作期间。自 1958 年春天到团山湖之后，雷锋一共创作了 9 首长长短短的诗歌，有描述团山湖收获季节的《南来的燕子啊》，有歌颂领袖、讲述家史和政治学习的《歌颂领袖毛泽东》、《党救了我》、《啄木鸟》、《我的感想》、《以革命的名义》，有赞美劳动场景的《人定胜天》、《排渍忙》，还有我们刚刚介绍过的没有公开发表的《台湾》。这些诗从各个方面，折射出雷锋丰富的情感世界和过人的文学潜质。

参军入伍以后的雷锋，给大家的印象可能更多的是钻研驾驶技术、研读《毛泽东选集》、宣讲苦难家史、雨夜中帮大嫂背孩子……然而，工作再忙、时间再紧，也都没有影响雷锋的创作热情，而且，他的作品随着其阅历的增加而更有厚度。

1961 年 3 月，雷锋写到了什么是美：

什么是时代的美？战士那褪了色的、补了补丁的黄军装是最美的，工人那一身油渍斑斑的蓝工装是最美的，农民那一双粗壮的、满是厚茧的手是最美的。劳动人民那被烈日晒得黝黑的脸是最美的，粗犷雄壮的劳动号子是最美的声音，为社会主义建设孜孜不倦地工作的人的灵魂是最美的。这一切构成了我们时代的美。如果谁认为这并不美，那他就不懂得我们的时代。

透过这些久远的墨痕，我们会不会想，如果雷锋没有意外牺牲，这位古稀老人会不会成为一位令人景仰的诗人亦或小说家？

1958 年 11 月 9 日，雷锋从故乡湖南，北上辽宁鞍钢，团山湖农场的许多同事都给雷锋送了纪念品。在一本烫金日记本扉页上，一个以“你姐黄丽”名义的人，给“亲如同胞的弟弟”雷锋写下了 350 多字的“临别赠言”，预言雷锋会“把光和热发遍全世界”，“人们都会知道你的名字”，“都会热爱你和敬佩你”。“黄丽”是谁？

雷锋是中国人民，乃至世界人民的精神偶像，是名扬天下的道德典范，是家喻户晓的革命楷模。他有着我们普通人所不具备的高尚的、纯净的精神世界，但同时，雷锋又是一个普通人，一个普通的年轻人，他和所有的年轻人一样，有着飞扬绚烂的青春……

望城县的乡道上，花红柳绿，稻麦飘香，一个精气神儿十足的小伙子背着行李，蹦蹦跳跳地走在这流翠的画中，他的身后跟着一个干部模样的长者。每当碰到水塘，小伙子总是走到水塘边，对着粼粼波光的水面，拉拉衣襟，梳理梳理本来已经很整齐的发型，掸掸身上的尘土……时不时地，他还会停下来，用手做持枪状，瞄着树，瞄着小鸟，嘴里调皮的发出“啪啪”的声音……逗得身后的长者笑个不停……

这个活泼、可爱的小伙子就是雷锋，他身后的长者是县委书记张兴玉。雷锋在望城县委做公务员时，经常陪同张书记下乡，望城县的各处都会留下上面的景象。

望城农民喜欢种红花草（学名紫云英）肥田，每到阳春三月，红花草盛开，如火如霞，雷锋喜欢到田野里观赏这种美景。他还采一些回来养在盛水的小玻璃瓶里。据冯健（望城县回乡务农的典型，后被保送去北京上学，曾当选全国劳动模范）回忆，她去北京开会的时候，雷锋还特意采来一束红花草送给她。

雷锋爱漂亮，愿意照镜子，热衷照相，喜欢养花，习惯挥洒笔墨抒发自己的情感……用我们今天的话说，雷锋是一个性情中人，是一个非常讲究生活情调的人。所以，他要唱、要跳、要哭、要笑，还会像所有这个年龄的年轻人一样，对异性产生朦胧的感情。

《雷锋全集》一书中收录了很多雷锋生前给战友、同事、朋友的赠言。其中一条格外引人注意：“愿你的青春像鲜花一样，在祖国的土地上发散着芬芳！”这条赠言是雷锋1958年3月13日写给王佩玲的赠言。王佩玲是谁呢，是团山湖农场的一名青年女工。一段发生在团山湖农场的，鲜为人知的情感故事就这样浮出水面。

1958年春，19岁的望城县坪塘区供销社营业员王佩玲，到团山湖农场劳动锻炼，结识了17岁的雷锋。王佩玲经常向雷锋借书，常在一起谈心得体会，并交换日记看，“他的聪明才智深深地吸引了我。”王佩玲撰文回忆说，“也许是从小失去母爱的缘故，也许是我的落落大方使青春年少的雷锋感到踏实和温暖，雷锋越来越亲近我，我也暗暗地喜欢他，我们以姐弟相称，互相鼓励，携手共进。”

在生活上，雷锋俨然像个“大哥哥”，体贴她、照顾她，王佩玲那段时间常常生病，雷锋就一天三五趟地来看她，送药递茶。有时她晚上到河边洗衣服，雷锋执意陪着她，并且把书本或报纸上的故事讲给她听。王佩玲感到很幸福，少女的浪漫情怀得到了很大的满足。

好景不长，在那个特殊的年代里，农场对男女之间的交往管得非常严格，两人的朝夕相处让人开始说闲话。但是，这期间两个互相倾慕的年轻人，还非常勇敢地到望城县内的一家照相馆内照了一张两人的合影，这也是雷锋短暂一生中的唯一一张同异性的单独合影。

在农场劳动 4 个月后，王佩玲被派到湘潭学习，两人开始通信，每次信的开头都写“亲如同胞的弟弟”，信的内容也基本是关于工作和学习，当然也流淌着彼此的关爱与思念。

雷锋 1958 年 6 月写给王佩玲的信

小凌：

给你写信的此刻，已经是深夜 1 点钟，我刚上完晚班回家，今夜整整忙了 4 个钟点，我真是很疲倦了。

我拧亮台灯，坐下来给你写信，疲倦就立刻飞去了。宿舍里的人都已入睡。窗外繁星满天，明亮的月光从外射了进来。在窗内还可以看到田野里成熟的高粱、玉米、稻谷在随风摆动，好像在向我点头，在向我微笑，它们都好像要陪我给你写信似的。我是多么愉快呀，真是高兴极了。

我相信你也会感到如此的兴奋，我有不知多少话要跟你说，却不知从何说起，写到这里告一段落。

然而，这种日子也没有持续太久，因为王佩玲发现雷锋给她的信被人查看过了。王佩玲结束学习回到农场不久，雷锋调到乡里当通信员。1958年11月，被调往鞍钢。临行前，雷锋到农场与她道别，安慰她说："别难过，我们还有见面的机会的。"逗留了一个上午后，雷锋临走送给王佩玲一张照片，而王佩玲送给了雷锋一个日记本。在日记本的扉页上，王佩玲以"你姐黄丽"的名义，给"亲如同胞的弟弟"雷锋写下了350多字的"临别赠言"，预言雷锋会"把光和热发遍全世界"，"人们都会知道你的名字"，"都会热爱你和敬佩你"。而这一天，也成为两人永别的日子。

1963年，王佩玲从报纸上看到了雷锋的照片和事迹，既为雷锋的成就高兴，更为失去一位"好弟弟"而悲泣。"当时所感到的打击，实在是达到了无法忍受的地步。"王佩玲后来回忆说。大病一场后，直到1965年，27岁的王佩玲经人介绍，与湖南日化厂工人丰振泉结婚。这是后话了。

这段神秘的爱情故事，伴随着雷锋的牺牲、"黄丽"的消失，在长达30多年的时间里让人无法得知，充满了想象。黄丽是谁？为什么她的预言会如此准确？这位"慧眼姐姐"的预言之谜曾经困惑了很多希望了解雷锋的人。望城县委宣传部新闻干部胡道明也是寻找"黄丽"的众多人中的一个，他曾遍访雷锋生前生活、工作过的地方，但一直没有收获。直到1996年中秋，胡道明意外收到王佩玲的来信，她默认自己就是"黄丽"。雷锋的姐姐"黄丽"，让雷锋的同事寻找了30余年才浮出水面。

谈到为什么以前不愿意披露，王佩玲说，雷锋是全国人民敬仰的英雄，她是个普普通通的女人，毫无作为，愧为雷锋的"姐姐"。不希望因为她而有损雷锋的形象。提及那篇预言准确的赠言，王佩玲说，当年的赠言不过是倾注了一种难分难舍的思念之情。真正的预言家是雷锋本人，他以自己的行动实现了他自己一生的诺言。

细心的读者们一定还记得，我们在前面提到过，雷锋在团山湖农场工作期间曾写过一本名为《茵茵》的小说。

……

茵茵就是这样的。提起这位年轻的女同志，人们都要感动得流下热泪。她是一个共产党员。她那结实的身体，勤劳的双手，还有那晒黑的脸儿，清秀的头发，活泼的眼睛，真使人敬慕。她穿着一件黄棉衣，脚上是草鞋。据说，黄棉衣是她哥哥从部队复员后送给她的，草鞋是她自己打的，打得很漂亮。

茵茵担任了治沩青年突击队的队长。那场暴雨之后，新堤突然决口了。茵茵领导青年突击队去完成堵口的任务。决口处有七八尺宽，水深过丈，流速很急，水上还漂着冰块，堵口任务十分艰巨。茵茵她们跳进冰冷的水里，打桩、投石、搭桥、挑土……水被堵在堤外，她们的衣服却都湿透了。回到工棚里，茵茵烧了一堆火，让大家围着取暖、烤衣服。茵茵忙前忙后的，没有顾得上烤火，只把衣服脱下来，搭在竹竿上想让风吹干。可是，第二天早起，她的衣服不仅没吹干，天冷反而结了冰，穿在身上还掉冰碴呢！茵茵不顾这些，穿上它又领着大家到堵口工地去战斗，终于完成了党交给青年突击队的任务。

茵茵今年只有19岁，既聪明又勇敢，什么困难都不怕，什么活都能干。堵口任务完成后，又一连下了三天雨，堤内堤外全是水，不能在湖内取土筑堤了。工地指挥部党委采取了措施：调来了10部抽水机，日夜不停地抽出湖内的积水。就在这时候，一个看管抽水机的同志病了，不能坚持工作了。怎么办呢？领导上想到了茵茵，她是个初中毕业生，还学过内燃机，对机械原理和构造是熟悉的。于是，领导上决定调她去管理一段抽水机。茵茵愉快地接受了这个光荣的任务。

……

这是雷锋的处女作小说，雷锋特意在手稿上注明：“本文为‘小说’。”我们在这里要说的不是小说本身写的如何，而是说小说的题目。以主人公的芳名——《茵茵》作为标题的小说，真可谓诗意而隽永，似有清风流贯的芬芳。茵茵的原形会是谁呢？是否隐含了与团山湖时期的雷锋有过一段情感经历的王佩玲的影子呢？——这只有雷锋本人才知道了。

时至今日，王佩玲老人对于和雷锋交往的青春岁月仍然无法忘怀。实际上，按照今天恋爱的标准来评价，雷锋和王佩玲之间与其说是恋爱，不如说是革命的友爱更确切些。但无论如何，这段懵懂的感情曾连接了两颗年轻的心，让雷锋短暂的生命更加丰富多彩。

在团山湖农场工作的日子里，雷锋又是学骑马，又是开拖拉机，又是创作小说诗歌，还与“姐姐黄丽”发生了一段感情……这段生活是那么的浪漫激情，可又是那么的短暂——雷锋在团山湖一共只待了8个月的时间。

《中国青年》杂志社的几个胆儿“肥”的年轻人，给毛泽东主席写了一封信：“现在全国已掀起一个向雷锋同志学习的热潮，我们《中国青年》拟出一期学习雷锋的专号，向全国人民推荐这个先进典型，教育青年一代在社会主义时期更好地锻炼成长，恳请您老人家为雷锋题词。”中直机关有人听说此事后说，和平时期还未见他老人家给其他普通人题过词，是不是有点儿异想天开？…… 1963年3月2日《中国青年》第五六期合刊出版，在历史上首先发表了毛主席“向雷锋同志学习”的题词。三天后， 1963年3月5日，《人民日报》、《解放军报》、《光明日报》等都在头版显著位置刊登了毛主席的手迹。

之后，一个学习雷锋的活动在全国范围内以排山倒海之势蓬勃兴起。

毛泽东同志一生只给三个人题过词——白求恩、刘胡兰和雷锋。战争年代，毛主席给刘胡兰题过词“生的伟大，死的光荣”，为白求恩和张思德分别写过纪念文章。而新中国成立以后，只有雷锋这一普通士兵获此殊荣。

实际上，在毛主席为雷锋同志题词之前，雷锋已经“红”遍军内外。1961—1962 年间，雷锋的照片和感人事迹已在军内的《前进报》和辽宁的几家地方报上多次发表。军内外许多单位都邀请他去作忆苦思甜的报告，不知多少人为他流下悲痛、同情和庆幸的热泪。还有一些小学校聘任他为校外辅导员，雷锋叔叔的英名和形象深深扎根在少先队员们的记忆里。1962 年 8 月 15 日，雷锋牺牲后，全国各地、军内军外对雷锋的宣传掀起了新的更加浩大的声势。1963 年 1 月 7 日，中华人民共和国国防部批准雷锋生前所在部队运输连四班为“雷锋班”。命名大会召开后，新华社、人民日报、解放军报、中国青年报等全国主要媒体均对雷锋平凡而又伟大的事迹加大宣传力度，在全国全军产生了空前的轰动效应，雷锋的名字可谓家喻户晓，响彻长城内外、大江南北。紧接着，几家大报刊又把雷锋事迹写成报告文学，并同时配发评论和雷锋日记摘抄，文艺界的作家和诗人也都通过撰文和写诗热情地颂扬雷锋精神。

面对全国宣传雷锋的火热场面，当时担任团中央第一书记的胡耀邦，要求共青团系统加大对雷锋的宣传强度，并组织全国青少年以实际行动向雷锋学习。就是在这样的背景下，在团中央机关刊物《中国青年》杂志社，一个“出谋划策”会召开了。全社人员献计献策，千方百计找出新的角度，期望能够另辟蹊径，超前于全国宣传雷锋的其他兄弟报刊。

编委会上，有人提出把五六期《中国青年》合刊，出版“学习雷锋专辑”；也有人提出请董必武、林伯渠、谢觉哉、郭沫若等党内名望甚高的“四老”为雷锋题词。这些“点子”固然不错，但细想起来，还绝对达不到领先其他报刊的效果。这时，一直沉默不语的思想修养组组长王江云提议：能否请毛主席题词？真可谓不鸣则已，一鸣惊人。他的建议一石激起千层浪，话一出口，便得到了大家的热烈响应和一致赞同。但冷静之后，人们又都认为请毛主席题词，此动议非同小可，是不是有点太敢想敢干了？能有把握吗？商议来商议去，大家最后决定：请毛主席为雷锋题词。

于是，大家小心翼翼地给毛主席写了一封信，“现在全国已掀起一个向雷锋同志学习的热潮，我们《中国青年》拟出一期学习雷锋的专号，向全国人民推荐这个先进典型，教育青年一代在社会主义时期更好地锻炼成长，恳请您老人家为雷锋题词。”

给毛泽东的信是 1963 年 2 月 15 日送到中南海的，年轻人性急，过了几天见没动静，便打电话到“毛办”去催问。当时任毛泽东秘书的林克说，毛主席已看过了你们的来信，但是还没有表态。换句话说，就是没拒绝，还有戏!

其实，毛泽东在阅读《中国青年》的来信前，已经从《人民日报》上读到了雷锋的事迹和日记摘抄，也阅读了团中央关于开展向雷锋学习的汇报材料。看到《中国青年》的来信，毛主席高瞻远瞩地把学雷锋与中国的前途结合起来。

大跃进之后，紧接着三年自然灾害，非正常死亡几千万人，党和政府在人民群众中的威信受到损害，党群关系也疏远了。国际上，中苏正在论战。1962 年，毛泽东就曾预言，美国要想在中国第一代、第二代身上进行和平演变是不可能的了，他们只能把和平演变寄希望于中国的第三代、第四代身上。此时，一个有实际意义的想法在毛泽东的脑海里油然而生，要教育青少年有坚定的信念和远大的共产主义理想，雷锋不正是一个鲜活的教材和绝好的榜样吗?

就这样，毛泽东决定为雷锋题词了。

毛泽东题词这一天，是1963年2月22日。据毛泽东秘书林克回忆:

……毛主席让我先拟写几个题词供他参考。我回办公室，思索了一番，拟好了十来个题词，立即送给了他。我现在还可以回忆起其中几个题词的大致内容。如："学习雷锋同志全心全意为人民服务的思想"、"学习雷锋同志鲜明的阶级立场"、"学习雷锋同志大公无私的共产主义风格"、"学习雷锋同志艰苦朴素的作风"、"学习雷锋同志毫不利己、专门利人的优良品德"、"学习雷锋同志勤奋好学的革命精神"，等等。2月22日，毛主席睡醒以后，值班警卫员打电话告诉我，主席让我去一下。我带着事先选好的文件，随机将新文件放到他床头的长桌上。他示意我坐下，我便在他床前一张藤桌旁的椅子上坐下来。这时，毛主席从他身体左半边床的书堆上拿起了一张信纸递给我，我一看，只见他已在纸上用毛笔书写了"向雷锋同志学习"七个潇洒飘逸的行草字。我为他拟的十来个题词，他一个也没用。这时，他吸了一口香烟，从容地带着询问的目光问道，"你看行吗?"我爽快地回答说："写得很好，而且非常概括。"毛主席好像要解释为什么没有采用我拟的题词这一疑问似的，接着说道："是嘛，学雷锋不是学他哪一件好事，也不是学他某一方面的优点，而是要学他的好思想、好作风、好品德；学习雷锋长期一贯地做好事，而不做坏事；学习他一切从人民的利益出发，全心全意为人民服务的精神。当然，学习雷锋要实事求是，扎扎实实，讲求实效，不要搞形式主义。不但普通干部、群众学习雷锋，领导干部要带头学，才能形成好风气。”现在看来，毛主席的这番讲话不仅指出了学雷锋的方法，而且指明了雷锋身上最本质的东西；特别是指出了学雷锋的方向。毛主席谈完之后，我便回到我的办公室，打电话给《中国青年》杂志编辑部，告诉他们，毛主席的题词已经写好了，请他们到中南海西门来取……

《中国青年》杂志社领导接到林克的电话，立即派年轻的摄影记者兼通讯员刘全聚，骑上摩托车，向中南海奔去。几十分钟后，毛泽东书写的“向雷锋同志学习”几个刚劲有力的大字便展现在大家面前。《中国青年》杂志社轰动了，团中央轰动了。

毛泽东为雷锋题词的消息很快传到了新闻界，各大报刊纷纷要求刊登毛泽东题词手迹。1963 年 3 月 2 日《中国青年》第五六期合刊出版，在历史上首先发表了毛主席“向雷锋同志学习”的题词。三天后，也就是 1963 年 3 月 5 日，《人民日报》、《解放军报》、《光明日报》、《中国青年报》等都在头版显著位置刊登了毛主席的手迹。从这一天起，一个学习雷锋的活动在全国范围内以排山倒海之势蓬勃兴起。每年的 3 月 5 日也就成了学习雷锋的纪念日。

如果雷锋地下有知，知道他敬爱的毛主席亲自为他题词，这个率真的小个子士兵一定会欢呼雀跃的。他曾在日记里这样写过他对毛主席的崇敬之情：

昨天我听一位从北京开积极分子代表大会回来的同志作报告。他说，毛主席在北京接见了他们，毛主席的身体很健康，对我们青年一代无比的关怀和爱护……当时我的心高兴得要蹦出来。我想，有一天我能和他一样，见到我日夜想念的毛主席该有多好，多幸福啊！可巧，我在昨天晚上做梦就梦见了毛主席。他老人家像慈父般地抚摸着我的头，微笑地对我说："好好学习，永远忠于党，忠于人民！"我高兴得说不出话来了，只是流着感激的热泪。早上醒来，我真像见到了毛主席一样，浑身是劲，总觉得这股劲，用也用不完。

能见到毛主席是雷锋一生的梦想，能亲耳聆听他老人家的教诲是他一生的骄傲。而能在牺牲后，享受到毛主席的亲笔题词，雷锋，你是不是应该满足了呢？

1963年3月6日，即首都各大报发表毛主席题词的第二天，《解放军报》独家发表了在京的国家领导人刘少奇、周恩来、朱德和邓小平的题词手迹。共和国第一代领导核心的集体行动，呼应并强化了毛泽东题词的声势，宛如众星捧月，为学习雷锋活动的广泛开展起到了推波助澜的作用。

1975年7月15日，邓小平第一次复出后，在军委扩大会议上说："过去军队同志坐公共汽车，向来是给老人、带娃娃的妇女让座，现在有的不让了。有个战士坐车，一位妇女抱着娃娃，他不让座，娃娃哭了他也不理，旁边有位老人说，雷锋叔叔不在了。从这个事情上是可以看出问题的，我们军队在这方面本来有很好的传统。"

1977年，邓小平第二次复出。12月28日在中央军委全体会议上，他说："1975年我讲过'雷锋叔叔不在了'，'四人帮'对此大肆攻击、诬蔑，其实这不是我的话，是老百姓的话。"邓小平没有忘记雷锋，并进一步明确指出：人民需要雷锋。

1983年3月5日，《解放军报》刊登"中共中央决定重新发表老一辈无产阶级革命家关于向雷锋同志学习的题词手迹"的新闻，同日，首都各大报均在头版重登了毛泽东、周恩来、刘少奇、朱德、叶剑英、邓小平、陈云的题词和董必武的题诗。董必武的题诗是："有众读毛选，雷锋特认真。不唯明字句，而且得精神。阶级观清楚，勤劳念朴淳。螺丝钉不锈，历史色长新。只做平凡事，皆成巨丽珍。普通一战士，生活为人民。”

雷锋的一生没有炮火纷飞的战场，没有轰轰烈烈的场面，有的是那些激情燃烧的青春，是胸膛里一颗向善向美的心。而正是这向善向美的心灵让雷锋成为永不过时的英雄。

第三章 精神雷锋

一个仅仅活了22年的年轻人，何以成为全国人民学习的光辉榜样，创造出如此穿越时空的精神财富，这是一个充满吸引力的问题。而问题的答案就在那本薄薄的《雷锋日记》里。

静静体味《雷锋日记》，人们会发现一个穷苦出身的孩子是如何破茧而出，人们会隐隐听到只有初中文化水平的普通战士与先贤们的应和——

同志，你是否意识到你的一切生活在幸福之中？可能意识不到，也可能意识到了。当你能吃一顿饱饭，穿上一套衣服，能当家做主，自由地生活，你有如何感觉呢？有一种说不出的幸福感。

雷锋，这样一个普通的名字，普通的士兵，是如何造就了能够历经时代变迁却不减光芒的精神之峰呢？当我们拨开历史的重重阻隔，回溯到雷锋的内心深处时，我们可以发现：心怀感恩，是雷锋前行的动力之源。

感恩，是中华民族的传统美德，无论是“滴水之恩，当涌泉相报”，还是“知恩图报”、“感激涕零”，都反映出古人对“感恩”的认同。“感恩”，已深深地渗透到中国人的血液中。感恩，往往能够激励一个人用自己的善举去回报社会、回报他人。被评为“2006年感动中国十大人物”之一的洪战辉，在颁奖典礼上，曾真诚地说：“我只不过是记着别人对我的帮助，用一颗感恩的心去帮助更多比我更困苦之人。”

生于抗战中、苦于旧社会、长在红旗下的雷锋，新旧社会完全不同的个人际遇，使其对中国共产党、对人民政府、对那些曾无私帮助他的人怀有深厚的感恩之情。可以说，感恩，是雷锋成长进步的精神之源。正是因为心怀感恩，雷锋才能以螺丝钉精神不断地提升自己、发展自己，才能将有限的生命投入到无限的为人民服务中。

1940年12月，湖南省望城县安庆乡（现雷锋乡）简家塘，凛冽的寒风中传来一阵婴儿的啼哭声。这一年是农历“庚辰”年，寒屋中的父母便按当地习惯用“庚伢子”做了这个孩子的乳名，后来叔公给这名男婴取名为“雷正兴”。18年后，雷正兴改名为雷锋。

雷正兴的降生，并没有使这个家庭兴旺发达。在他5岁时，父亲因病去世；6岁时，哥哥在贫病交加中死去，弟弟也夭折在母亲的怀抱中；7岁时，母亲因不堪地主的凌辱，悬梁自尽。对于童年时这段悲惨交加的历史，即使过去数十年，雷锋也无法忘记，仍能详细地回忆起当时的情景：

> 我母亲死时我还只有7岁，旧社会使我无法活下去。在那吃人的社会里，三大敌人压得我简直没法活命，那些仇恨我一定不能忘记，我要报仇。
>
> ……

雷锋幼时所经历的悲惨命运，在旧社会并不是个别现象，而是那个时代广大劳苦大众苦难生活的缩影。1961年1月，雷锋到某部参加“两忆三查”活动，雷锋在军人大会上讲述了自己童年辛酸的历史，这在到会的1000多名战友及家属中引起了强烈共鸣，很多人都流下了泪水。当雷锋问一名战友在旧社会是否受过苦时，那名战友低下了头，回答说：“我爸被日本鬼子抓去当劳工，冬天冻死了，三岁的小弟弟被饿死了，妈带着我要饭，受尽了折磨和痛苦。”

也就在雷锋痛苦地挣扎于生存边缘时，中国也正经历着新生前最剧烈的阵痛，但严寒阻挡不了春天到来的脚步，井冈山点起的星星之火，已成燎原之势。经历了十年土地革命战争，经历了艰苦的八年抗战，我们党及所领导的人民军队不断发展壮大，并领导着中国人民向着光明奋勇前进。在雷锋的家乡，人们用各种方式去迎接黎明的到来，而雷锋则用为地下党组织撒传单、贴标语的方式迎来了太阳的升起。

1949年8月，雷锋的家乡解放，雷锋怀着满腔热情加入到翻身做主人的洪流中。他参加了儿童团，扛上了红缨枪，斗倒了老地主，并最终成为儿童团团长。在轰轰烈烈的土地改革中，雷锋分得3.6亩耕地，还有床、蚊帐、锅、箱子等一些生活用品。然而最让雷锋欣喜的是，他能和其他孩子一起上学读书了。1950年夏，雷锋所在的安庆乡乡政府决定送这个已经10岁的孤儿去读小学，接受免费的教育，乡长彭德茂还亲自送雷锋到学校。1960年11月5日雷锋在沈阳师范学院的讲话中曾详细地回忆了那些曾经给他巨大帮助的人们：

……

六、1949年我的家乡解放。党给我吃的穿的，送我上学念书，乡长彭德茂买给我新棉衣、棉裤，过新年请我吃饭。他还把从地主家分得的一件小呢子外套送给我穿，把他儿子一双新棉鞋穿在我的脚上，上学给我笔和纸。学校谭礼老师待我很好，买给我石板、石笔、书包、雨具，放假和过节带我到他家去玩，上课时他把着我的手学写字。

七、1956年小学毕业，11月调到望城县委员会工作。1957年2月光荣入团。调县委后，冬天张书记买给我一件皮大衣、手套。有一次，我和他下乡到望岳乡，我生了病，张书记给我打洗脸水，给我做面条，安慰我。我非常激动，县委书记对我这样好，像父亲一样。我能够在县委机关工作，真是做梦也想不到。党委无微不至地关怀我，还送我到干部文化学校学习。张书记还买给我一本《怎样做一个有共产主义道德的人》的书。首长对我这样关怀，我下定了决心好好工作。我做了一点点工作，党和人民给了我很大的荣誉，还被评为先进工作者和优秀共青团员。

1957年9月，和赵书记参加建设新农场。一天下雨的晚上，我和赵书记从工地开会回指挥部，赵书记把雨衣披在我身上。我走到一个桥上，一下没小心掉到了八曲河里（河有3丈多宽，水深八九尺，河岸高1丈）。我掉到河里后，赵书记立即跳到河里，把我救了上来。我的右腿摔伤，赵书记背我回到指挥部，第二天把我送到县医院。他在百忙中还抽出时间来看我，送给我苹果、橘子，我住了一星期就好了。

……

无论是党的恩情，还是人们的帮助，都在雷锋心里留下了深深的印记，同时也使他以更大的热情投入到新的生活中：

他努力学习，虽然成绩不是最好的，但他的用功精神却给老师留下了深刻的印象。

他积极参加学校组织的研制矿石收音机攻关小组，成为为研制经费捐款最多的学生，并最终由他将研制出来的收音机抱上了学校的舞台。

他性格开朗，是学校的文艺骨干，几乎每次演出都要登台表演。

他是荷叶坝小学第一批少先队员，戴上了当时在偏僻农村很多儿童还不知晓的红领巾。

他参加了乡里组织的夜校，主动承担语文课程，面对大字不识的老乡，雷锋开动脑筋，把民间的俗语、口头禅编成顺口溜："李二婶插秧，一天二亩"、"钟二叔打谷子，一担二百斤"，等等。由于教学成绩突出，雷锋第一次获得了县一级的奖励。

在新旧社会雷锋个人际遇的这种巨大变化，在他的心中留下了深深的印记。在雷锋的日记中，"感恩"、"饮水思源"、"幸福"等词经常出现：

1959 年 10 月 × 日，"1958 年入厂的时候，我只是一个抱着感恩的思想埋头苦干的工人"。

1960 年 11 月 15 日，"在今晚演出的评剧《血泪仇》里，看到了像王东才、小贵芳他们遭到阶级敌人的迫害，甚至被强奸逼死的惨景，不禁引起我无限辛酸的回忆。我出生在一个很贫穷的农民家庭，我父亲靠给地主当佃户来维持一家半饱的生活，终年辛勤地劳动，到了新年初一，全家五口人，有米不到半升，哥哥只好领着我出去送财神，讨点饭回来吃。……我们绝不能'好了伤疤忘了痛'，应该'饮水思源'，想想过去，看看现在，……发扬革命先烈们艰苦奋斗的精神和优良的传统，全心全意地投入社会主义建设事业，做出更多更好的成绩，才不辜负先烈们的期望，才不辜负党和伟大领袖毛主席对我们的关怀和鼓舞"。

1961 年 4 月 28 日，"同志，你是否意识到你的一切生活在幸福之中？可能意识不到，也可能意识到了。当你能吃一顿饱饭，穿上一套衣服，能当家做主，自由地生活，你有如何感觉呢？有一种说不出的幸福感。这是党和毛主席给你带来的，是革命前辈流血牺牲给你带来的"。

……

雷锋甚至还用诗歌的形式来表达对党、对政府和对人民的感恩。他在1958年曾将自己的亲身经历写成了一首“党救了我”的小诗:

一九四四年的三十晚上,
没有月亮, 无星光,
只听一声炮响,
鬼子进了我们桥头村庄。
他们像一群万恶的野兽,
抢走了粮食, 夺走了猪羊,
烧毁了我们的房屋,
血洗了咱们的村庄。
我的父亲被日寇活活地打死,
我的兄长被机器活活地轧死,
我的弟弟被饿死,
我的母亲含恨被迫自杀。
剩下了六岁的我,
只好到处流浪。
今天流落到东家,
要上一碗洗锅汤;
明天站在西家大门口,
他放出一群恶狗,
咬得我手脚稀烂,
撕破了我的衣裳,
屁股胳膊露在外边。
捡了破烂麻袋,

还算好衣身上穿。

夜里找不到住的，

就睡在人家屋角的台阶上。

冬天在梦中冻醒，

那结了冰的破衣刺骨钻心；

夏天躺着，两手双脚不能停，

那长脚的毒蚊子，

咬得痛心，满身发肿通红；

秋天一到，

痢疾拉得真不像人；

春天不冷也不热，

那暴雨飘上台阶淋湿我浑身。

这悲惨的生活，

使我真不想活在人间……

霹雳一声巨响！

东方升起了红太阳。

呵！伟大的中国共产党，

您把我拯救，

把我抚养，

把我送进工农子弟的学堂。

冬天区委陈书记买给我新棉衣，

夏天他买给我蚊帐和汗衫。

若我有一点小病，

陈书记的心啊，

一刻也不能安宁，

比失掉了双手、眼睛还心疼；
我戴上红领巾的那天，
他赠给我金星钢笔，
买给我果糖。
难忘的一九五六年最后一天，
我站在团旗下面，
举起了右手向团宣誓。
我念完了高小，
踏进了望城的县委机关，
我要好好工作、听党的话，
为祖国发出热和光。

1960 年，雷锋又进一步写了“新旧社会对比”，鲜明地表达出饮水思源之情：

想起来，好心酸，
想起过去想今天。
旧社会里当牛马，
吃糠咽菜苦难言。
夏天无衣光着膀，
冬天麻袋遮风寒。
层层剥削受压迫，
死在洋沟无人管。
自从来了共产党，
当家做主把身翻。
参加企业来管理，
咱们工人掌政权。

过去黑暗全扫净，
如今生活乐无边。
丰衣足食多幸福，
党的恩情比蜜甜。
旧社会工人苦中苦，
新社会工人福中福。
新旧社会来对比，
我们饮水要思源。
生活好来别忘本，
勤俭持家不浪费。
余钱送到储蓄所，
利国富民真是强。
节约储蓄好处大，
建设咱们新国家。

从这些肺腑之言中，我们可以看到：雷锋正是抱着感恩之情来回报党、回报政府、回报社会的。他不但通过各种机会和场合向周围的人述说他的身世和他对新中国缔造者的感激之情，不但通过自己在工作上的奋发努力和在生活中的关爱他人来实践感恩，同时对那些曾经帮助过他的人也念念不忘，一有机会就会去探望他们，表达自己的感激，聆听他们的教诲。在1960年11月6日的日记里，雷锋就记录了一次感恩之旅。此时，雷锋已经离开了原来的工厂，成为了一名解放军战士。

昨天我向于助理员请好了假，去辽阳化工厂看我原来的厂领导和工人。今天早上从沈阳乘火车到了辽阳市。因没赶上火车，我到了辽阳市武装部，见到了于政委。他像自己的父亲一样，左手握着我的手，右手抚摸着我的头，微笑地说："小雷锋，我昨天在日记本子里还看到了你以前给我的那张相片，我还想起了你，真想不到你今天来这里。”他带我到办公室，亲切地问我在部队的情况，我激动地向首长汇报了自己的工作和学习情况。于政委听了说：“好，应当好好干，把自己的力量献给党的事业。”8点钟了，他送我到车站。下午7点钟，我乘火车到了安平，7点半钟就到了我原来的工厂——焦化厂。我走进党总支办公室，熊书记、李书记、吴厂长看见是我回来了，真是高兴。我也非常兴奋，好像见到了自己的亲人一样。他们真是热情地招待，给我倒茶，还给我做了饺子和鱼吃，把我安置在一间很温暖的房子里睡觉；还带我到厂内参观了现代化的机器生产。我见到了许多以前和我在一起工作的同志，感到高兴万分。他们有的还介绍了生产情况。我看到新建的焦炉都出焦了，想起自己为这焦炉的建筑贡献过一滴汗水，从心眼里感到十分骄傲和自豪。

“我的一切都是党给我的。光荣应该归于培养教育我成长的党，应该归于热情帮助我进步的同志们。”这是雷锋对自己际遇变迁的真实感受，党、政府以及热情的群众对他成长进步的巨大影响和无私关怀，构成了雷锋感恩之心的来源，成为了雷锋铸就精神之峰的动力之源。

“青春呵，永远是美好的，可是真正的青春，只属于这些永远力争上游的人，永远忘我劳动的人，永远谦虚的人！”

如果说雷锋的心怀感恩带有深深的时代、社会烙印，那么青春的激情则是鼓舞他追求进步的内在动力。当我们重新回溯雷锋短暂而又辉煌的一生，我们不仅能发现一个爱做好事的雷锋，还能看见一个在青春中追梦的雷锋。

“青春如初春，如朝日，如百卉之萌动，如利刃之新发于硎，人生最宝贵之时期也。”陈独秀曾如是描述青春所蕴涵之激情。“青春呵，永远是美好的，可是真正的青春，只属于这些永远力争上游的人，永远忘我劳动的人，永远谦虚的人！”雷锋在1959年10月的一篇日记中写道。

青春总是与梦相伴，总是与理想相随。没有梦的青春是不可想象的，没有理想的青春是不完整的。雷锋逐渐走向辉煌的过程，正是处在青春年少时期，他与其他青年人一样，怀揣着梦想、怀揣着希望去拥抱青春。

然而雷锋的青春与众不同之处在于他把梦、把理想与时代的呼唤、与社会的需要紧紧相连，并一步一个脚印地去实现自我。在追梦的过程中，年轻的雷锋实现了个人的升华，铸就了一段辉煌的青春。

雷锋有着崇高的政治理想，这就是加入中国共产党。为了实现这个理想，他在1954年成为了学校第一批少先队员；在1957年2月8日加入中国新民主主义青年团；1960年11月8日，“是我永远不能忘记的日子，今天我光荣地加入了伟大的中国共产党，实现了自己最崇高的理想。我激动的心啊！一时一刻都没有平静。伟大的党啊！英明的毛主席！有了您，才有了我的新生命。我在九死一生的火坑中挣扎和盼望光明的时刻，您把我拯救出来，给我吃的、穿的，还送我上学念书。我念完了高小，戴上了红领巾，加入了光荣的共青团，参加了祖国的工业建设，又走上了保卫祖国的战斗岗位。在您的不断培养和教育下，我从一个穷孩子，成长为一个有一定知识和觉悟的共产党员。伟大的党啊，您是我慈祥的母亲，我所有的一切都是属于您的，我要永远听您的话，在您的身下尽忠效力，永做您忠实的儿子。今天我入了党，使我变得更加坚强，思想和眼界变得更加开阔和远大。我是一个共产党员，人民的勤务员，为了全人类的自由、解放、幸福，哪怕高山、大海、巨川！为了党和人民的事业，就是入火海进刀山，我甘心情愿，头断骨粉，身红心赤，永远不变。”

然而崇高政治理想的实现，不但需要脚踏实地地工作，同时还需要站在时代的前沿，需要将个人的命运与时代的发展和祖国的召唤紧紧地联系在一起。

在荷叶坝小学老师夏柳的“教师笔记”本上曾记录了雷锋小学毕业时的发言：

亲爱的老师、同学们：

我们小学毕业了。毕业以后，很多同学准备升入中学学习。我呢，我决定留在农村广阔的天地里，当一个新式农民。我决心做个好农民，争取驾起拖拉机，耕耘祖国大地，建设社会主义新农村。将来，如果祖国需要，我就去做个好工人，为我国的社会主义工业化建设出把力。将来，如果祖国需要，我就参军做个好战士，用自己的鲜血和生命去保卫我们伟大的祖国。

同学们，让我们在不同的岗位上竞赛吧！

老师们，请你们看我的实际行动吧！

此时的中国大地正发生着翻天覆地的变化：1956年社会主义改造完成，中国在加快工业化的进程中，十分重视农业在国民经济中的基础地位，大批的优秀儿女投身到农村广阔的天地中。因此，雷锋受此感染，毅然放弃了升学、毕业后进城的机会，决定投身到农村当中，故而成为全校唯一一名选择做农民的毕业生。

从这个发言中，我们可以看出，雷锋已经深刻地洞悉了时代和国家发展的需要，他要做的不仅仅是一名耕耘祖国大地、建设社会主义新农村的农民，而且还要做一个投身社会主义工业化建设的工人，做一个用鲜血和生命保卫祖国的好战士。

雷锋正是在这一理想的指引下画出了一条丰富而又辉煌的人生轨迹：

他在小学毕业时，响应国家号召成为了一名下乡知识农民。

在他成为一名县委机关的公务员后，中国工业化建设大规模展开，雷锋又应征鞍山钢铁厂的招工，走到新中国工业化建设最前沿。

在鞍钢成为生产骨干之后，雷锋再次放弃每月30多元的工资，参军入伍，最终实现了自己的人生之梦。

雷锋为此兴奋地在1960年1月8日的日记中写道:

这天是我永远不能忘记的日子，这天是我最大的荣幸和光荣的日子。我走上了新的战斗岗位，穿上了黄军服，光荣地参加了中国人民解放军。我好几年来的愿望在今天已实现了，真感到万分的高兴和喜悦，这是我一生最大的幸福。

我在党的正确领导下，在革命的大家庭里，一定要好好地锻炼自已，在入伍的这一天，我并提出如下保证:

一、听党的话，服从命令听指挥，党指向哪里，我就冲向哪里。

二、加强政治学习，多看报纸和政治书籍，按时参加部队各种会议和学习，积极宣传党的政策，密切靠近组织，及时向组织反映各种情况，不断提高自己的政治思想觉悟。

三、尊敬领导、团结同志，互帮互爱互学习。

四、严格遵守部队一切纪律，做到虚心向老战士学习，刻苦钻研，加强军事学习，随时准备打击敌人。

五、克服一切困难，发扬老一辈优良的革命传统，我要坚决做到头可断，血可流，在敌人面前决不屈服、投降，我一定要向董存瑞、黄继光、安业民等英雄的战士学习。

六、我要努力学习政治、军事、文化，我要好好地锻炼身体，我一定要在部队争取立功当英雄，我一定要做一个毛泽东时代的好战士，我要把我可爱的青春献给祖国最壮丽的事业。

以上六条是我努力的方向和我的奋斗目标。今天我太高兴太激动，千言万语一下要写完是办不到的，因此写到这里告一段落。

我渴望已久的参加中国人民解放军的理想实现了，怎么叫我不高兴呢！我恨不得把我的心掏出来献给党才好。晚上我怎么也睡不着，我的心就像大海的浪涛一样，好久不能平静。

我，一个在旧社会受苦受罪的穷苦孤儿，居然成为一个国防军战士，得到党和首长的信任，受到战友们的热爱，我真不知说什么好……

在这个革命的大家庭里，首长胜过父母，战友亲过兄弟，这一切，只有在党领导下的人民军队里才能得到……

我一定不辜负党对我的教育和期望，我决心保持和发扬×××矿全体职工的光荣；军政学习争优秀，全心全意保卫国防，成为一个优秀的国防战士。

青春之梦得以实现的雷锋，其兴奋、快乐的心情可想而知，雷锋甚至还写了首小诗来表达此时激动之情：

小青年实现了美丽的理想，
第一次穿上庄严的军装，
急着对照镜子，
心窝里飞出了金凤凰。
党分配他驾驶汽车，
每日就聚精会神坚守在机旁，
将机器擦得像闪光的明镜，
爱护它像爱护自己的眼睛一样。

追梦的过程虽然总是那样激动人心、令人神往，但追梦的路途并不总是一帆风顺。但任何的苦难都不能阻挡雷锋追梦的步伐，“雷锋同志：愿你做暴风雨中的松柏，不愿你做温室中的弱苗（自已题）。”雷锋曾在日记中如是勉励自己。

爱默生说过：“一心向着自己目标前进的人，整个世界都会为他让路。”雷锋用持续的努力和真心的追求，克服了一切困难，到达了理想的彼岸。在这一过程中，有两个关键的细节不得不提。

一次是在雷锋下乡成为农民后，他积极工作，对人热情，很快使他在同辈人中脱颖而出，也为他获得了去望城县委机关工作的机会。这在前文已经追述过了。

在黄菊芳的推荐下，雷锋在 1956 年 11 月 17 日正式调到县机关当公务员。至此，雷锋实现了人生道路上的第一次飞跃，能在更广阔的天地中来锻炼和发展自己，来报答党的恩情。

另一次是雷锋参军，其过程也颇费周折。

雷锋最终成为中国人民解放军中的一员。虽然这可能意味着不能再过安定的生活，但雷锋并不后悔，“我听有些人说：当兵不合算，挣不到钱，不如在家种二亩自留地，既有花的，又有吃的……我认为这种人对个人利益和集体利益的关系认识不足。俗话说：‘大河涨水，小河满；大河无水，小河干。’同样的，只有集体利益富裕了，个人利益才能得到满足，如果没有集体的利益，哪还有什么个人的利益呢？”正是在成为中国人民解放军的一员后，雷锋在自己人生中创造出了无与伦比的辉煌。

每一个人都有过青春的梦，但并不是每一个人都最终实现了自己绮丽的梦，而雷锋正是以其执着，以其不畏困难、敢闯敢拼，才最终实现了自己的梦想。也许正是这些经历，使得雷锋对如何克服实现梦想道路上的困难感触颇深，1961年，雷锋专门写了首小诗，来表达对困难的蔑视和对自己的激励：

困难不可怕

应该怎样对待困难——

是战斗！

困难只能欺侮那些不能吃苦的人，

困难害怕吃苦耐劳的战士。

困难只能欺侮那些胆小鬼，

困难害怕顽强进攻的战士。

困难只能欺侮那些懒汉，

困难害怕认真学习的人。

困难只能欺侮那些脱离群众的人，

困难害怕团结一致的伟大集体。

“我一定要以实际行动，来报答党对我的亲切关怀和照顾。一定努力钻研，勤学苦练，克服一切困难，忘我地工作。”

虽然雷锋在追求自己理想过程中，在每个岗位工作的时间都不算长——在农村当了近3个月秋征助理员，在乡政府工作了近两年，在鞍钢当了近一年的工人——但雷锋并不是一个见异思迁的人，他在每个工作岗位上，都全身心地投入到工作当中，这使他向前的每一步都十分坚实有力。

雷锋调到县委机关大院工作时，才16岁，当时的宣传部干事李仲凡回忆说：“雷锋的个子不高，一脸孩子气，很引人注目。他由乡下来到县城，而且进了县委机关，第一次遇到这么大的场面，陌生、新鲜，也很好奇，他到每个房子的门口都望望，把电话机、油印机、自行车等很少见到的东西仔细地看了个够，不时跟大家问问……很快就跟大家都搞熟了。”组织上考虑到他的年纪还比较小，因此安排他负责打扫卫生和跑腿等工作。雷锋并没有因为工作的琐碎而不耐烦，反而以饱满的热情、尽心地做好组织上交代的每件事情。当时的望城县，几乎没有什么像样的公路，区、乡之间基本上都是羊肠小道，一碰上雨雪天气，道路泥泞不堪，十分难行。而县机关的交通工具仅是两辆自行车，大部分时候需要步行才能将文件、指示送到。即使在这么艰苦的条件下，雷锋毫无怨言，及时地完成了组织赋予的通讯员任务。有时白天送完信，晚上县委领导开会，雷锋不顾一天的疲劳，坐在隔壁房间看书，听候调遣。散了会，他直到把会议室收拾干净，把门窗关好后，才肯去休息。

由于雷锋突出的表现，在县委机关工作还不到三个月，他就加入了共青团。

这一期间，雷锋还做了一次对他此后命运影响巨大的事情——捐款。1958年春，望城决定在团山湖开办一个国营农场，以发展农业生产。上级同意了这一规划，并批准成立拖拉机站，还分配下来了一台拖拉机指标。当时中国制造拖拉机的能力几乎为零，大部分拖拉机主要通过进口获得，再根据需要以指标的方式分配下去。但有了拖拉机的指标，还需要筹钱购买。在县财政紧张的情况下，团委号召机关干部和团员捐款。于是，雷锋把自己积蓄一年多的、准备买一床新被子的20元钱捐了出来，这一数目在当时的捐款中可谓巨大。鉴于雷锋的一贯表现和在捐款中的突出贡献，望城县委决定送雷锋去团山湖国营农场学习驾驶拖拉机。很快，雷锋就以其刻苦和肯学掌握了拖拉机的驾驶技术。

雷锋成为一名拖拉机手是偶然的，如果没有望城县的决定和上级的关心，就不可能有雷锋到农场学习驾驶的机会；但雷锋成为一名拖拉机手又是必然的，当机遇到来时，雷锋已经以其踏实的作风和高尚的情怀赢得了组织的信任，也为自己的进一步发展奠定了基础。也正是这样一个现在看来并不起眼的机会，从此对雷锋的人生产生了重要的影响：到鞍钢后，由于雷锋学习过驾驶技术，因此，他被分配到洗煤车间当推土机手；参军后，由于这些工作经历，雷锋又被分配到驾驶班，学习开车技术。从此，雷锋就与驾驶员工作密不可分，每一次他都用充满激情的文字记录下他的进步。

在学习和驾驶翻车机时，他写下了如下小诗：

翻车机（1959 年）

我第一次走近翻车机的身旁，
仿如空中霹雷响，
吓得我倒退两步心惊慌，
啊，原来是翻车机把一列煤车来个底朝上，
只听那半空中唰唰响，
满满的一列车煤呀！
翻倒得又净又光。
马达在轰鸣，
翻车机好像个大蛟龙，
上下不停地翻腾搅动。
你的力量无尽无穷，
你的任务是多么重大而光荣。
你有时有点小毛病，
我们工人的心啊，
比失掉自己的双手、眼睛还痛。
翻车机呀翻车机！

我在你身旁工作是多么的骄傲。

我愿意在你身旁尽忠效力，

伸出你的友谊的手吧——翻车机，

你我共同走向共产主义！

在部队学习汽车驾驶技术时，雷锋还专门写下了学习的心得和体会：

……

（六）技术学习目的明确，态度端正。

1. 刚开始学习技术的时候，有的同志说："只要把技术学好了，就有了铁饭碗……"还有的同志认为，技术学好学赖是个人的事，与别人无关。还有的同志对技术学习不重视。针对这些思想，我们学习了报纸上论"红与专"的文章和毛主席的有关著作。学习之后，大家提高了认识，统一了思想，明确了学习目的。

2. 学习虚心，不懂就问，不装懂，有打破砂锅问到底的精神。表现在：①每当教员讲完课后，有不懂的问题，大家能及时提出，互相争论和讨论，实在弄不明白的，就请教员作解释，直到把问题弄懂为止。②走到哪儿学到哪儿。如乔安山和韩玉臣等同志在沈阳执行任务时，主动请兵部的老司机介绍经验，虚心向他们学习。再如：庞春学和雷锋等同志外出坐公共汽车时，也留心地方司机的驾驶动作，学人之长，补己之短……

3. 学习方法灵活。

主要有以下三种方法：

（1）采取互教互学的方法。比如：我们根据教员所讲过的科目，在出车中结合实际（在不妨碍完成任务的情况下），互设各种故障排除，互问互答，互相纠正驾驶动作。

（2）采取包教保学的方法。如我班周述明同志技术较高，主动包教接受能力差的乔安山同志。有疑难问题反复给他讲解。经常利用休息时间和假日把乔安山带到车上，对照实物给他讲解。由于教者耐心，百问不烦，学者虚心，不懂就问，因此乔安山技术提高很快，由以前考试不及格，到最近考试得5分。

（3）采取了（理论、图表、实物）三结合的方法。比如：教员讲了联合调节器的工作情况和外部线路的连接后，我们记不住，有的地方还弄不清楚。下课后，我们对照图表讨论。大部分同志懂得了，可是还有少数同志不太懂。然后，我们一同到车场打开汽车发动机盖看实物，把联合调节器卸开来仔细观看。经过实物实验，全班同志才真正突破了这个难点。由于采取了以上三种方法，大家的技术普遍提高。所以冬训三次测验，取得了全班满堂红的优秀成绩，被评为军事训练标兵班。

（七）认真贯彻了安全措施，严格遵守了交通规则，做到了四勤、三先、五不超、六不走、九慢。

四勤：①勤检查；②勤保养；③勤督促；④勤清洗。

三先：①会车先慢；②先让；③先停。

五不超：①不超速；②不超载；③不超高；④不超长；⑤不超宽。

六不走：①行车文件不齐不走；②车辆检查不好不走；③油料不足不走；④人员没坐好不走；⑤操纵机械有故障不走；⑥没有上级首长的指示不走。

九慢：①转弯慢；②交叉路口慢；③坡道慢；④人员多的地方慢；⑤复杂气候慢；⑥过铁道慢；①道路不熟慢；⑧桥梁渡口慢；⑨错车慢。

……

踏实的雷锋，有时却又显得不那么“踏实”，有时喜欢“没事找事”。雷锋经常随身带着《钢铁是怎样炼成的》一书，主人公保尔·柯察金对雷锋影响巨大。在鞍钢时，雷锋在洗煤车间当推土机手，本来已经取得了很大的成绩和别人的认可，可他却主动要求到最艰苦的地方去锻炼自己。原鞍钢焦化厂的人事教育股股长陈日东回忆说：1959年夏天，鞍钢化工总厂决定在弓长岭矿山附近新建一座焦化厂，动员一些人到那里参加基本建设。7月，陈日东到鞍钢人事处选人，在看简历的时候，就记住有个湖南孩子叫雷锋。经过筛选，就确定了30多人，其中就有雷锋。后来，陈日东给这些选中的青年开动员大会，会上他告诉大家弓长岭是山区、条件不好，什么都没有，大多数人不愿意到弓长岭这个山沟里来。雷锋这时站了起来发言。由于雷锋的湖南口音太重，第一遍陈日东没有听清，所以他还特意让雷锋慢点说。第二遍才断断续续地听清楚：“我叫雷锋，从小就是孤儿，服从组织的分配，坚决要求到最艰苦的地方去，完成党交给我的任务。”等雷锋说完，其他人还是不表态。于是陈日东让大家回去考虑一下。最终，雷锋和其他青年到了弓长岭焦化工地。“我到了弓长岭的时候，的确很艰苦”，雷锋曾回忆说，“我们从鞍钢一共去了50名老工人，还有很多新同志。到那里的时候，我们住的就是老百姓的房子，有的住工棚子里，一个屋子里住三四十个人。我们的工作就是每天和泥呀，砌墙呀，运砖呀，打地基呀，抬大筐呀，干这些活。在这种情况下，有少数同志不安心，有的就讲怪话，说弓长岭这个地方有十条不如鞍山，吃不如鞍山，住不如鞍山，工作条件不如鞍山……现在我记不起来了。有的说，我在鞍钢是个技术人员，把电钮一按，那机器就转了，到这里后叫我抬大筐，叫我盖房子，干不了。有的就开溜跑回去了。在这样一个艰苦的环境下，我想到党的教导，我想到自己是一个共青团员，应该发挥一个共青团员应有的作用。”

雷锋当兵后，有一天，天上下着大雪，刮着刺骨的北风。为了使车辆经常保持良好的技术状态，随时开得动，雷锋和韩玉臣同志主动到车场保养车辆。雷锋在日记中写道：双手拿着冰冷的工具，调整和修理铁的机器，“的确冷得很，有时手拿着铁的机件，就把手和机件粘在一起了。特别是双手伸到汽油里去清洗机件，更把手指冰得好像针扎一样，我真想去烤烤火。可是，一想起连长在军人大会上的报告：‘在三九天里保养车是一个艰巨的战斗任务，过硬的功夫是在冰天雪地里锻炼出来的。’我感到有一股暖流立刻传遍了全身，觉得有了无穷的力量，打消了烤火的念头，继续清洗机件。经过8个多小时野外苦战，终于把汽车保养好了，虽然手冻裂了口子，但是锻炼了自己的意志，提高了技术。”

雷锋的这种“没事找事”以及“冒险动作”，实际上是种自我磨炼。雷锋在日记中曾写道：“不经风雨，长不成大树；不受百炼，难以成钢。迎着困难前进，这也是我们革命青年成长的必经之路，有理想有出息的青年人必定是乐于吃苦的人。”正是这种自我磨炼，才使得雷锋前进的每一步都显得那么的踏实。

> “人只有不断地努力学习，才不会迷失方向，做好工作，否则就会落后，甚至犯错误。我懂得了这个道理后，越学越想学，哪怕有一点空余时间，我也要看看书报，增长自己的知识。现在我学习得很不够，决心继续努力，勤学、苦学、发奋学。我要学习一生，战斗一生。”

雷锋的成功，不仅得益于他的踏实肯干，得益于他的无私奉献，还与他主动学习、勤于钻研紧密相关。在1961年9月的一份自我鉴定中，雷锋曾这样写道：“关于学习方面，我深刻地认识到：要想工作好，就得学习好。工作和学习的关系就像点灯加油一样：点灯如果不加油，就会变得暗淡无光，只有不断地加油，灯才会明亮。人只有不断地努力学习，才不会迷失方向，做好工作，否则就会落后，甚至犯错误。我懂得了这个道理后，越学越想学，哪怕有一点空余时间，我也要看看书报，增长自己的知识。现在我学习得很不够，决心继续努力，勤学、苦学、发奋学。我要学习一生，战斗一生。”

在望城县机关工作时，正好县里开办干部业余文化补习学校。雷锋得知这一消息后，恳请组织批准插入初中班学习。于是，白天工作之余，雷锋总是见缝插针地拿出书来学习；在忙了一整天的工作后，雷锋还利用晚上时间读书学习；有时因工作需要随领导下乡，雷锋就坚持出差前“领课”，回来“补课”。在坚持不懈的努力下，雷锋最终完成了初中学业。而这一段学习的经历，也使雷锋养成了良好的学习习惯。即使走上新的工作岗位，雷锋仍能坚持读书看报，在1959年8月26日雷锋的日记中记录道：“自从由鞍山转到×××以来，自己就抱定决心：一定要很好地工作、学习，争取加入中国共产党。对各种学习任务都能认真完成；自学较好，每天早晨学习一小时，晚上总是要自学到深夜十至十一点钟。”

走上工作岗位后，雷锋的学习，首先是立足本职，通过刻苦努力，熟练掌握工作技能。雷锋进入鞍钢后被分配当一名推土机手，虽然此前已经学过拖拉机驾驶，但推土机有其本身的特性，需要进一步学习。雷锋十分谦虚，仍然认为还有很多的东西要学，这一点可以从他在1959年工厂大会上的发言看出：

敬爱的党委和全体师傅以及青年朋友：

今天我以万分高兴的心情来参加这次大会，通过于主席的报告和许多同志的发言，使我更认识到党的英明、伟大和正确。在这会上，我代表新工人向全体师傅们致以热烈的祝贺，祝你们从胜利走向胜利，乘风破浪，以愚公移山的气魄，以武松打虎的劲头，以排山倒海之势，以百战百胜的精神来超额完成钢的生产任务。

敬爱的师傅们：自我去年11月间离开机关，踏入了伟大的工人阶级的队伍，我是感到非常荣幸的。由于工厂党委对我的亲切关怀和师傅的耐心教导，以及大家的帮助，使我很快地学会新的技术。这是党的光荣，也是师傅们的光荣，是我个人的荣幸。师傅们，我们一定要继续努力，克服困难，为完成钢的生产任务而贡献出我们的一切力量。

今天我又感到十分惭愧，我入厂到现在没有为党做出多大的成绩。通过今天的大会，使我明确了只有依靠伟大的党和广大群众，克服一切困难，积极热情地工作，才会做出成绩。现在我只有以实际行动，以出色的成绩来感谢党和师傅们的亲切关怀和照顾。

在这里，我向党宣誓，向党保证：

一、我保证听党的话，服从组织调配。

二、向先进学习……破除迷信，发扬敢想敢做的共产主义的高尚风格，向科学堡垒进攻。

三、保证勤学苦练，虚心向师傅们请教，求得对机械的彻底了解和运用。

四、保证百分之百出勤，做到大病坚持干，小病不下火线，拼命干。

五、保证按时参加各种会议和学习，在近两年内达到能文能武多面手。

六、不违犯劳动纪律，踏踏实实地干工作。

除了学习本职应具备的技能外，雷锋还十分重视理论的学习，以此来提高自己的思想境界和理论素养。在1960年12月的一篇日记中，雷锋详细规划了第二年学习毛泽东著作的内容和方法："……我一定要抓紧点滴时间进行学习，做到书不离身，有空就掏出来看一段，在明年读完《毛泽东选集》第四卷中的《抗日战争胜利后的时局和我们的方针》、《关于重庆谈判》、《关于目前国际形势的几点估计》、《论人民民主专政》、《丢掉幻想，准备斗争》等重要文章，重读《毛泽东选集》一二三卷中的重要文章，坚决做到边学、边想、边改、边运用。我从开始学习毛主席著作的那天起，就牢记住这样几句话：理论学习如果脱离实际，即使学得烂熟，但是表里不一，言行不一，仍然不能很好地改造思想，所以理论学习应该联系实际，改造思想……"学习这些理论著作，雷锋并不是浮光掠影，他总是边读边想，并记录下心得体会。翻开雷锋读过的《毛泽东选集》，几乎每一页都画了一些学习重点，写着阅读心得或眉批。据统计，他在短暂的一生中，共写了9本近20万字的学习心得笔记。这些是他刻苦钻研理论的真实记录。雷锋在日记中曾记录过他学习毛泽东写的《纪念白求恩》这篇文章的心得：这篇文章，"我早已读过，并为他的国际主义精神和共产主义精神感动得流出了热泪，对我的教育和启发特别之大。他那种毫不利己、专门利人的精神，鼓舞和鞭策了我的进步，使我所取得的收获不小。今天副指导员又给我们上了这一课，我又反复地看了数遍，所受教育更为深刻。白求恩同志对待自己本行业务是那样刻苦地钻研，精益求精，为人类的解放事业献出了毕生精力和整个生命。可是我呢，为党、为人民又做了一些什么呢？对照起来，我感到万分惭愧和渺小。拿自己的技术学习来说，还不是那么刻苦钻研的，学得也不够深透。但是我相信，只要再加一把油，勤学苦练，虚心学习，是一定能把汽车开好的……通过这篇文章的学习，使我深刻认识到：一个人活着，就应该像白求恩同志那样，把自己的毕生精力和整个生命为人类的解放事业——共产主义全部献出。”

雷锋学习理论，并不是死读书，而是巧读书，他曾总结了五步学习法：一是分析每篇文章对当时革命运动起什么作用；二是主席为什么分析这个问题；三是主席在文章中提出几个什么观点；四是主席的方法论是什么；五是联系个人写心得体会。

同时，雷锋的学习根本上还是着眼于思想的改造，着眼于能力的提高，着眼于问题的解决。雷锋向第六届团代会汇报学习毛主席著作提纲中就写道：

学习毛主席著作，要学习毛主席的立场、观点和方法。要以实际问题为中心，到毛主席著作中找答案，按毛主席的指示办事。

学习公式：

问题—学习—实践—总结

1. 学习毛主席著作与改造自己的思想相结合，树立全心全意为人民服务的思想和辩证唯物主义世界观；

2. 学习毛主席著作与改进自己的工作结合；

3. 学习毛主席著作与搞好训练，提高技术结合；

4. 学习毛主席著作与学习国内外形势、党的任务、方针、政策相结合。

由于平常工作繁忙，雷锋为了坚持学习，总是利用点滴时间进行学习，为此，他还专门有一段“钉子”精神论：“有些人说工作忙、没有时间学习。我认为问题不在工作忙，而在于你愿不愿意学习，会不会挤时间。要学习的时间是有的，问题是我们善不善于挤，愿不愿意钻。一块好好的木板，上面一个眼也没有，但钉子为什么能钉进去呢？这就是靠压力硬挤进去的，硬钻进去的。由此看来，钉子有两个好处：一个是挤劲，一个是钻劲，我们在学习上，也要提倡这种‘钉子’精神，善于挤和善于钻。”

雷锋是这么说的，也是这么做的。雷锋在1961年5月1日的日记中记录道：“今天是伟大的五一国际劳动节，我感到特别的高兴。为了纪念这个伟大的节日，我没有上街看热闹，把房前屋后、室内室外干干净净地打扫了一遍，帮助炊事班洗菜、切菜、做饭，用了3个小时，其他大部分时间用于学习《王若飞在狱中》这篇文章。我读了一遍又一遍，越看越爱看，越读越感动。读完之后深深感到，我们不应该忘记过去！在旧社会里，广大劳动人民受着国民党反动派的剥削压迫，过着牛马不如的生活。在惨无人道的旧社会里，有多少人像刘主全这样白白地死去啊！……我要永远听党的活，永不忘记过去，为了共产主义事业，要像王若飞同志那样，永生战斗！”

雷锋的学习，并不仅仅局限于书本，他还善于从别人那里学到有用的东西。有一次，雷锋帮老百姓种地。当他看到老乡们犁地时，心想：“借此机会学习犁地也不错呀！”他提出要求，得到了老乡们的支持。尤其是王老大爷，还把着手教雷锋犁地。开始，牲口不听使唤，地也犁得弯弯曲曲的。学习了一会儿，雷锋逐渐找到点门路，慢慢就顺手了。两个小时过去了，老乡说：“休息一会吧，让牲口吃点饲料。”当时雷锋真不想休息，想多学一会，虽然累了一身汗，但他觉得学点犁地技术是完全划得来的。“从内心往外说，我时刻都想多学点本领，更好地为人民服务。我时刻牢记着马克思的教导：不学无术在任何时候，对任何人，都无所帮助，也不会带来利益。今天，我为了人民的利益，阶级的利益，革命的利益，多学点本领就更有必要了。我所以要虚心学习，刻苦钻研，学到真本领，就是为此目的。”还有一次，一名战友在队列当中稀稀拉拉，九班长看见后就发了火，给了严重的批评。但这名同志对此置之不理，并私下里说："九班长态度粗暴，我懒得听他的。"这件事引起了很多人的议论。有人说："九班长的脾气不好，有事爱发火，他的心可是好的。"这件事虽然没有发生在雷锋身上，但雷锋却仔细地思考了这个问题，并想起了毛主席说过的"真正的好心，必须顾及效果"。因此，雷锋认为：抱着好心而又好对同志发脾气的人，常常是效果不好。既然效果不好，这好心又表现在哪里呢？这好心给革命、给同志又带来了什么好处呢？雷锋认为九班长应该对这名同志进行耐心说服教育才对，在列队中对他发火，是达不到教育目的的。

正是带着"本领恐慌"的意识，肯于学习、善于学习、挤时间学习，使得雷锋无论是在思想意识方面，还是在岗位技能方面，都能很快地脱颖而出，成为那个时代的佼佼者。

> "在最困难、最艰苦的工作中，我就想起了黄继光，浑身就有了力量，信心百倍，意志更坚强……我每次外出执行任务或在最复杂的环境中，就想起了邱少云，就能严格地要求自己，很好地遵守纪律。每当我得到福利和享受的时候，就想起了白求恩，就先人后己，把享受让给别人。"

雷锋是那个时代的楷模，但雷锋身上又折射着那个时代涌现出来的英模人物的风采。雷锋精神的升华是和雷锋的"追星"密不可分的。当然，雷锋所追的"星"，是那些为了新中国的成立而流血牺牲的英雄人物，是那些社会主义建设事业中在各条战线上做出卓越成绩的人，这些优秀人物身上所体现出来的优秀品质和崇高精神深深地感染了雷锋，为他的成长指明了航向。

雷锋追"星"的过程，首先是和当时的宣传教育分不开的，雷锋曾清楚地记得入伍后的第一堂政治课："1月9日早饭后，我们新兵营的同志集合在一个大礼堂里，政治处主任给我们上了第一堂政治课。他说，你们参加了中国人民解放军，担负着保卫祖国的神圣职责，你们要好好学习政治和现代军事科学技术，要熟练手中武器，时刻提高警惕，随时准备消灭胆敢侵略我国的敌人……吴团长接着给我们介绍了本团的光荣历史，讲了战争年代许许多多英勇顽强、不怕牺牲的英雄事迹。课后放映了电影《董存瑞》。当我看到战斗英雄董存瑞英勇炸碉堡的时候，我感动得流出了热泪，决心向他学习。课后回来，找到一本《解放军画报》翻着看，看到了战斗英雄黄继光的遗像，我把他剪下来贴在自己的日记本上，每天写日记，我要先看看他，想想他。参军第一堂政治课给了我多么大的教育和鼓舞！”

当然雷锋追“星”的过程更多的还是靠平时自己的阅读和学习，在他追的“星”中，最多的是战争中的英雄人物，黄继光、邱少云等在他的日记中经常出现：

1960 年 3 月 10 日，“在今天的电影里，我看到了英勇的革命战士黄继光。他为了党和人民的事业，为了人类的解放而献出了自己最宝贵的生命。……他这种为了党和人民的事业而牺牲自己的崇高精神是值得我永远学习的。”

1962 年 1 月 14 日，“在最困难、最艰苦的工作中，我就想起了黄继光，浑身就有了力量，信心百倍，意志更坚强……我每次外出执行任务或在最复杂的环境中，就想起了邱少云，就能严格地要求自己，很好地遵守纪律。每当我得到福利和享受的时候，就想起了白求恩，就先人后己，把享受让给别人。”

1962 年 4 月 15 日，“《黄继光》这本书，我不止看过一遍，而且是含着激动的眼泪，一字字一句句地读了无数遍，甚至我能把这本书背下来。我每当看完一遍，就增加一分强大的力量，受到的教育也一次比一次深刻。它对我的启发和鼓舞极大。英雄黄继光之所以能为人类的解放事业做出伟大的贡献，是因为他有高度的阶级觉悟，对敌人恨之入骨，对党对人民、对革命事业无限忠诚。我要学习黄继光那种坚定的无产阶级立场；学习他勇敢坚强的革命意志；学习他的高贵品质；学习他关心别人比关心自己为重；学习他兢兢业业为党工作的精神；学习他勤劳朴实的性格；学习他谦虚好学渴求进步的精神；学习他为祖国人民英勇战斗的精神。现在我是普通一兵，对党和人民没做出什么贡献，但是我有决心，永远听党和毛主席的话，紧紧跟着党和毛主席走，永远忠于党，忠于人民，兢兢业业为党工作一辈子，老老实实为人民服务，坚决完成黄继光未完成的事业。我随时准备献身祖国，必要时，我一定像黄继光那样，贡献自己的生命，做祖国人民的好儿子。”

1960 年 11 月 14 日，“晚上 7 点钟，放了一场电影，影片中的主角聂耳给我的印象最深。他是一个坚强的无产阶级的革命战士，是党的好儿女。他那种勇敢、坚强、机智、虚心、敢于斗争的精神，是值得我永远学习的。”

雷锋追的“星”，还有那个时代涌现出来的模范人物。

郑春满，一个出身农民家庭的子弟，1950 年 10 月参加中国人民志愿军，跨过鸭绿江抗美援朝；朝鲜战争结束后回到祖国，并于 1957 年 7 月 7 日，光荣地加入中国共产党。1961 年 4 月 16 日，已是排长的郑春满和战士隋信在外出的路上，发现两个女孩落入水中。郑春满飞快地跑过去，连棉裤和皮鞋都没顾得上脱掉，就跳进了冰冷的河水中。隋信虽然水性不好，但也脱棉袄棉裤，跳进水中救人。此时河水温度极低，加上正刮着大风，水深浪高，并形成了一个个漩涡。郑春满几次被卷进浪中，又几次钻出水面，终于他抓住了一个女孩，并在隋信的帮助下，将那名女孩救上岸。随后，郑春满又返身去救另一个女孩，但当他把第二个女孩推到浅水区时，他的棉裤已被水浸透，下身就像铅块一样沉重，在救人过程中，他的体力已经消耗殆尽。这时，一个大浪打来，郑春满被卷进了漩涡中……两个女孩得救了，可年仅29岁的郑春满牺牲了。此后，郑春满生前所在部队党委为他追记一等功，4月24日，旅大市党、政、军和社会各界群众千余人，为郑春满举行了追悼大会。5月2日，沈阳军区《前进报》报道了郑春满的英雄事迹，并配发了《英雄排长，勇敢的战士》社论。

当雷锋看到这一报道后，心情久久不能平静，在当天的日记中他写道："我在《前进报》上看到了共产党员郑春满同志舍己救人的英雄事迹后，感动得流出了眼泪。他在为抢救两个孩子的生命与怒涛漩涡搏斗中，光荣地献出了自己的宝贵生命。我为失去一个这样好的阶级兄弟而感到十分沉痛。同时，也为有这样一个在党和毛主席教导下，在革命军队熔炉里熔炼成长起来的真正优秀的阶级兄弟而感到光荣和骄傲。郑春满同志的这种见义勇为、舍己救人的英雄行为，表现了无产阶级的最高尚的品德，充分地反映了人民军队的本质。……我要学习他那舍己为人的精神，为共产主义奋斗终生。"

向秀丽，广州市何济公药厂的一名工人，1958年12月的一天，工作中，一个酒精瓶不慎被打翻了，大量酒精倾泻出来，而车间内10个火红煤炉所散发出的热气，使得这些酒精刹那间燃烧起来，车间内立刻变成了一片火海。然而更可怕的是，7桶60公斤重、用煤油浸着的金属钠就放在离酒精倾泻处不到4米的地方，金属钠遇水或高温就会立即爆炸，这不仅会彻底毁坏工厂，还会殃及周围的商铺、居民和学校。"在这万分危急的关头，向秀丽挺身去扑灭那冲向金属钠的烈火，她的鞋、裤着火了，身上冒烟，火舌紧紧缠着她，她仍然纵身上前扑救。当工厂党支部书记，车间主任闻讯率领工人赶来抢救时，向秀丽已经成了一个火人，他们扑过去为她灭火，她在奄奄一息中仍然挣扎着说：'别管我，快去抢救金属钠……'”大火最终被闻声赶来的工人扑灭了，但向秀丽却被严重烧伤，“全身皮肤除了颈部以上和裤带部分外，全都烧伤了，双腿和左手的肌肉烧得焦黑。”在医院昏迷了三天三夜后，向秀丽睁开眼睛说的第一句话就是：“金属钠有没有爆炸？工厂有没有损失？”她的妈妈去探望她时，她轻声安慰妈妈说：没有烧到工厂，我就安心了。她的丈夫是个火车司机，当他去探望她的时候，她总是追问：“你怎么还不上班？不要常来看我，行车时不要为想我而思想开小差，免得发生事故。”尽管医院千方百计进行抢救，最终未能挽救向秀丽的生命。向秀丽舍身救火的事迹传开后，全国各地掀起了学习向秀丽精神的热潮。《人民日报》在1959年3月7日以《磊落光明向秀丽》做了报道；林伯渠、董必武、郭沫若等国家领导人为她作诗题词。林伯渠在诗中写道：“磊落光明向秀丽，扶危定倾争毫厘；一身正比泰山重，风格如斯世所师。”此后，向秀丽的事迹还被创作成文学作品广为宣传。

1962年2月8日，雷锋从文书那里看到《向秀丽》这本书，立刻就被吸引住了，“我拿了这本书，一口气读完了10多页，越读越使我感到浑身是劲，越读越使我敬佩，越读越想读……我用了4个多小时一字字一句句读完了这本书。读过之后，使我提高了阶级觉悟，加深了对剥削阶级的仇恨，对劳动人民的热爱……使我懂得了热爱同志和集体，懂得了爱护国家的财产和人民的生命安全，比爱护自己的生命还重要。我决心永远学习向秀丽同志坚定的阶级立场，敢于斗争的精神；学习她耐心帮助同志、处处为集体谋利益的精神；学习她对工作极端负责任；学习她对党对人民无限忠诚；学习她爱护国家财产胜过爱护自己生命的精神；学习她在紧急关头，挺身而出。英勇牺牲的精神……我时时刻刻都要以她为榜样，经常对照自己和鞭策自己，把自己锻炼成为一个坚强的无产阶级革命战士。”

龙均爵，侗族，贵州省锦屏县人，1951年参加中国人民志愿军抗美援朝，1956年加入中国共产党。1958年，龙均爵所在的铁道兵第三师十三团在漳（平）泉（州）铁路施工，龙均爵被派去负责民工分队的技术指导。11月9日下午，龙均爵正准备去华安梅水坑火车站接未婚妻邓惠坤时，突然发现对面山上起了大火，火借大风，迅速燃烧到山腰。此时，潘洛铁矿和509地质队物资器材仓库就在起火的附近，翻一个坳还存放有炸药与雷管，如不切断火路，后果不堪设想。龙均爵立刻带领民工冲到400多米的山上扑火。当时施工技术处的技术员刘平楚和绘图员龙家燕回忆说：他们冲到复釜山半山腰把火截住，猛扑猛打，哪知一阵狂风，火趁风威，火舌转向山的左侧烧去。大家急坏了，大火逼近，烧毁物资，引起库存汽油爆炸，后果将不堪设想。龙均爵看在眼里，急在心上，大声喊道：“同志们！往上冲啊！绝不让火苗接近仓库！”他领着大家猛力扑打。经过朝鲜战场硝烟洗礼的龙均爵毫不畏惧，面孔黑了，烟熏泪流，衣裤燃了，都全然不顾。突然一阵猛烈的狂风刮起，烟火滚滚，直喷人群。他喘不上气来，正欲转移，谁知踩着的一块岩石滑落，他失去平衡，身子一斜，便滚到熊熊燃烧的烈火中，被无情的烈焰吞噬着。大火被扑灭了，龙均爵却牺牲了。此后，铁道兵第三师党委给他追记一等功，铁道兵政治部给他追记一等功，中华人民共和国内务部授予他“救火英雄”称号，内务部长钱瑛、铁道兵司令员李寿轩、政委崔田民、福州军区政委兼福建省委书记叶飞、贵州省委书记周林等领导都题词表彰龙均爵烈士。

1962年4月16日，雷锋“一口气读完了《党的好儿子龙均爵》这本书。这本书太好了，对我的教育极深，对我的启发和帮助很大。我处处要以龙均爵为榜样，永远学习他不畏艰难困苦、敢于斗争的精神；学习他关心爱护同志的高贵品质；学习他大公无私、舍己为人的精神；学习他刻苦学习钻研技术的毅力；学习他爱护国家财产和爱护自己生命的精神；

学习他处处把国家的利益和人民的利益放在个人利益之上的思想。坚决学习他，并贯彻于实际行动中，一定要在保卫祖国和建设祖国的事业中，贡献自己的力量”。

在雷锋追“星”的过程中，有一次，他还“零距离”地接触到英雄，亲耳聆听了英雄的教诲，雷锋对当时的情景作了如下记述：

今天我到达海城后，上午作了一场报告，下午我和郅顺义老英雄见了面。……老英雄抚摸着我的头，紧紧地握着我的手，亲切地问我多大年纪，什么时候入伍的？同时还倒给我一杯茶。当时，我的心像抱着一只小兔子一样，怦怦直跳，有一肚子话可不知咋样说好。我听说老英雄是董存瑞的亲密战友，我的心像压不住似的要往外蹦，万分敬佩和羡慕地叫他给我讲董存瑞的英雄事迹。我听他说：“董存瑞是六班的班长，我是七班的班长。在1948年5月25日打隆化县的时候，董存瑞在爆破组，我在突击组，我们的任务是要去炸掉敌人的四个碉堡和五个地堡。我们两个组牺牲了六个人，每组只剩下两个人了，董存瑞对我说：‘就是剩一个人也要坚持战斗，不完成任务不回队！’在炸最后一个碉堡的时候，董存瑞用手举着炸药包，炸掉了敌人的碉堡，完成了战斗任务，我敬爱的革命战友董存瑞就这样英勇地为党的事业而光荣地牺牲了。”我听到老英雄讲完董存瑞的英雄事迹后，我的心像大海的浪涛一样，久久不能平静，我感动得满眼热泪直掉。

董存瑞英雄对敌人万分的愤恨，对党和人民无限的忠诚，在战争当中，英勇顽强，丝毫不畏缩，为人民的解放牺牲自己。董存瑞英雄是我永远学习的好榜样，我一定要为党和阶级的崇高事业，随时准备牺牲自己的一切，直至生命。

郅顺义老英雄是我永远学习的榜样，他在战斗当中，勇敢坚定，机动灵活。他俘虏敌人一百四十多人，缴获机枪四十多挺。他勇敢地消灭了敌人，保存了自己。

董存瑞和郅顺义两英雄的事迹，深深地教育了我，给了我莫大的鼓舞和无穷的力量，我一定要时刻用这些英雄的事迹来鞭策自己，永远忠于党，忠于人民。

雷锋除了自己学习先进人物，同时还常常发挥自己具有一定写作功底的优势，利用工作之便，发现和报道典型人物。一次，雷锋随部队参加抚顺钢厂“七五一”工程建设时，了解到了模范人物傅长奇爱护国家财产的感人事迹，为此，专门写了篇报道发表在1960年9月24日厂报《红星报》上。

积少成多 滴水成河

——记傅长奇爱护国家财产的事迹

傅长奇同志是驻厂部队十五小队五排的汽车司机，担负着基建工程的材料运输任务。他每天驾驶着自己心爱的汽车不知飞奔了多少原野，走过了多少城市村庄，载运了多少基本建设工程所需用的材料。特别是党提出以粮、钢为中心的增产节约运动的号召以后，他的车跑得更快了，不管是白天或者是黑夜，只要工作需要，他的车就跑个不停，所载运的东西大部分是工程所需的水泥。

9月份，排里开展了一个“每人做一件好事迎接国庆”的活动。全小队的同志立即沸腾起来了。傅长奇更不例外，他的脑子反复想着：“我每天和汽车打交道，能做件什么好事呢？”他看见别人都动手干起来，急得觉也睡不好，总怕落在别人后面。

一天，他把装着水泥的车停在连地以后就在连地附近找做好事的线索去了。一直到别人把车上的水泥卸完了他才回来，他在汽车周围踱来踱去，像找什么似的，忽然发现车厢里还有遗漏的水泥。他想：把这些遗漏的水泥收集起来，这不就做了一件好事吗？从此，他就和本班那红才同志担负起打扫车厢上的水泥的任务，他们提着水桶每天、每车的像挖车缝一样地打扫着水泥，惟恐给国家浪费了一点水泥。傅长奇收集的水泥越来越多，他的干劲也越来越大。有一天，他开车到沈阳，回来时已经是深夜12点钟，大风呼呼地吹着，阴沉沉的天气，伸手不见五指。但是傅长奇同志停车后，忘记了冷，也顾不得吃饭，便急忙借了个手电筒去打扫水泥。这时，车场上的值班员以为他在修理车呢，就向他招呼："老傅，天这么晚，又没有月亮，等明天再修理吧？"可是傅长奇没吭声仍在那扫，值班员有点奇怪就走上前去，一看原来是打扫车厢上的水泥，便自言自语地说："我要向老傅学习！"

又一天，傅长奇同志到营部开会，在途中看见一点水泥洒在路上，便掏出手绢把这一点水泥包起来。这消息传开后，五排全体同志都纷纷学习傅长奇那种爱护国家财产的高贵品质，每人都有个小水桶专门收集一点一滴水泥。

一天两天，一点一滴，真是积少成多，滴水成河，傅长奇同志就这样一点一滴地拣回水泥四百余斤，给大家树立了一面增产节约的红旗。

"榜样的力量是无穷的"，无论是革命年代的英模，还是建设时期的模范，在他们身上都凝聚着中国共产党人的优秀品质：对共产主义理想的执著追求，对人民群众的无私奉献，对国家民族的无限热爱……雷锋也正是从这些楷模身上学到很多很多，从而也使自己成为了别人学习的楷模。

“有些人说我是‘傻子’，是不对的。我要做一个有利于人民、有利于国家的人。如果说这是‘傻子’，那我是甘心愿意做这样的‘傻子’的，革命需要这样的‘傻子’，建设也需要这样的‘傻子’。我就是长着一个心眼，我一心向着党，向着社会主义，向着共产主义。”

雷锋，如今已是“好人好事”的代名词，因为他所做的好事实在太多。然而，雷锋所做的好事，并不是总能得到所有人的认可和理解。曾经有段时间，社会上有的人认为雷锋“傻”，做了那么多不属于自己分内的事，还不留名，不图回报。实际上，在当时，雷锋的所作所为也并不是都能得到所有人的认同，雷锋在日记中就曾记录了别人对他“傻”的评价:

1960 年 8 月 20 日，“望花区成立了一个人民公社，我把平时节约下来的一百元钱，支援了他们；辽阳市遭受了洪水的灾害，我把省吃俭用积存的一百元钱寄给了辽阳灾区的人民。有些人说我是‘傻子’，是不对的。我要做一个有利于人民、有利于国家的人。如果说这是‘傻子’，那我是甘心愿意做这样的‘傻子’的，革命需要这样的‘傻子’，建设也需要这样的‘傻子’。我就是长着一个心眼，我一心向着党，向着社会主义，向着共产主义。”

还有一次，雷锋看到厕所的粪池满了，立即动手把大粪掏出来，虽然牺牲了一上午的休息时间，但是把厕所弄得很干净。事后有人开玩笑说雷锋当上了大粪夫。但雷锋觉得当一个大粪夫是非常光荣的。“1959 年参加北京群英会的时传祥同志，不就是一个掏大粪的工人么？我要是能够当上一个这样的大粪夫，那该多荣幸啊！”

面对别人的非议，雷锋为什么能够一如既往地坚持，为什么敢于做真正的自我？其答案就在于雷锋做好事，并不是为了获得表扬和提升。

一次，雷锋到别的部队走访，结果发现好几个战友的眼睛出神地看着他。其中一个同志说：“是雷锋！”另一个战士同志说：“不是，雷锋一定是上士了，哪能还是一个上等兵呢？他可能是雷锋班里的战士吧。”和雷锋一同去的同志对他们说：“你们不认识他吗？他就是雷锋。”雷锋笑着和他们握了手，并问好。其中有个战友特别有意思，伸出大拇指对雷锋说：“你是这个，呱呱叫的，起先我们都不敢认你，想必你一定是个上士了。”雷锋笑着回答说：“当兵很好嘛，都是为着一个目标——实现共产主义。”事后，雷锋在日记中做了如下分析：“他们想我一定是上士了，也许是有点‘根据’。因报纸上都宣传过，同时党和首长都很信任，一定要提升得快一些。可是，他们没考虑到工作需不需要的问题。为了党和人民的事业，我总想多贡献一点力量，那些个人的军衔级别，我真没时间考虑。”

雷锋并不“傻”，他做好事的深层心理因素是源于一种大爱。正如雷锋在日记中写道：一次，他看见有6位六七十岁的老太太来参加抚顺市第四届人民代表大会，雷锋看到她们就好像看到了自己的祖母，于是拉着她们的手，微笑地向她们问好，并把她们一个个送到宿舍，给她们倒茶、打水……并和她们有趣地拉家常。“我不但爱这些老太太，而且爱全国人民，爱全世界的穷苦大众。他们都是我的亲人，我要为他们的自由、解放、幸福而贡献自己毕生的全部精力，直至最宝贵的生命。”

正是这种大爱，雷锋把做好事上升为一种人生的信条，他在做好事中获得了人生的真正快乐。在雷锋的日记中，我们总能发现雷锋在做过好事后，所获得的快乐与满足：

抚顺市人民代表大会已经开了四天，今天是最后一天了。市委负责同志代表全市人民的心意，送给了我们一份礼物（一斤苹果），当我拿着这斤用红纸包着的苹果，内心特别激动。

回想起自己过去那种无依无靠到处流浪的苦日子，总觉得现在的党和人民胜过自己的亲生父母，对我太关心了。我想：自己好了，不能忘记为人民而负了伤的阶级兄弟。我把这份苹果又转送给了住在卫生连的伤病员同志，自己虽然没吃着，但是心里比吃了这斤苹果还要甜十分。

今天下大雨，我看到咱们车场放了两堆苞米，虽然用雨布盖上了，但是我还不放心，跑去一看，发现苞米被雨淋湿了不少。我真心痛极了……立刻组织了全班的同志冒雨收苞米。有的拿大筐，有的拿麻袋，装的装，抬的抬，很快就把2000多斤苞米搬到了家里，免遭损失。虽然衣服湿了，但是粮食收回来了，自己放心，心里快活了。

今天是大年初一，大家都愉快地欢度新春佳节，有的打球，有的下棋，有的同志上街看电影，玩得够痛快…… 我和同志们打了两盘乒乓球，心里觉得有件什么事没做似的。我想了想，每逢过年过节是人们探家和走亲戚的好日子，这个时候也正是各种服务部门和运输部门最忙的时候，这些地方是多么需要人帮忙啊。我向副连长请了假，直奔抚顺车站。我刚到，正好一列火车进站。我看到一位老太太很吃力地背着一个大包袱上火车，我急忙跑上前，接过那老太太的包袱，扶着那老太太安全地上了车，给她老人家找了个座位，我才放了心。……拿着扫帚扫候车室的时候，车站的主任对我说："你辛苦啦，休息休息吧。"我没有休息。我觉得这是自己应尽的义务。我给旅客们倒开水的时候，他们说："解放军真好，处处关心人。"我这样做，能使人民群众更加热爱党，热爱毛主席，热爱解放军，这就是我感到最幸福的。

昨天下了一场大雪，今天显得格外的寒冷。吃过早饭，我到团里开会，在路上遇到一个十来岁的小孩，他穿的衣服很单薄，冻得打哆嗦，我看了心里过不去，立即脱下自己的棉裤，送给了他，这时我心里真感到有说不出的高兴。

为了使车辆经常处于良好的技术状况，准备迎接新的任务，首长给了我一天时间保养车。从今早6点钟开始工作，清洗了燃油系统，检查调整了电路，底盘各部机件打了黄油。当我把全车螺丝检查紧定完毕的时候，接到首长的指示，叫我马上出车，护送一个重病号到卫生连。我急忙收拾工具，出车护送。临走前，我看了下手表，已是下午1点了。这时我的肚子也感到有些空了。凑巧，我连炊事员给我送来了一盒午饭，大家叫我吃了饭再走。但是我想：阶级兄弟病重，处在紧要关头，抢救同志要紧，不能耽误时间，于是起车出发。经过两个多小时急行车，终于把病号按时送到了卫生连，顺利地完成了任务。这时，我才松了一口气，感到格外的痛快。

今天早上接到上级首长的指示，要我到旅顺海军部队汇报。上午10点15分，我乘火车离沈（阳）去旅（顺）。列车上的旅客很多，我看服务员忙不过来，心想，自己是一个共产党员，共产党员的全部任务就是全心全意为人民服务。在这种情况下，我应当做一名义务服务员，为旅客们服务。我把自己的座位让给了一个老大娘，自己在车上找到了一把扫帚，挨个扫完了整个车厢，接着又擦玻璃和车厢，尔后给旅客们倒开水。有个老太太很亲切地对我说：“孩子，看你累得满头大汗，该休息啦。”我回答说：“没什么！”……一个大尉首长站起来握着我的手说：“大家应该向你学习。”我对首长说：“为人民服务这是我应尽的义务。”列车在飞奔，旅客们个个心情舒畅，有的打扑克，有的唱歌，有的唠家常，还有的妇女逗小孩，广播员播送各种新闻和好听的歌曲，整个车厢充满了愉快和欢乐。“旅客们注意啦！现在我们车厢要选一位旅客安全代表。”乘务员说。一位旅客站起来说：“选这位解放军同志，大家同不同意啊？”旅客们都异口同声地说：“好。”我真感到这是同志们对我高度的信任，那么，应该更好地关心大家。和旅客打交道，真好极了，原先不认识的，也认识了，亲热得像一家人一样，真是有啥说啥。旅客们有事都找我，但我并不感到麻烦，反而觉得荣幸……

几年来，每当我为人民做了一点好事的时候，也就是我最幸福最快乐的时候；反之，做不到这点，我觉得心中有愧，对不起党和毛主席。

“甜”、“快活”、“幸福”、“高兴”、“痛快”、“荣幸”，从雷锋每次做完好事所记录的当时心情来看，我们不难发现雷锋是幸福的，获得了真正的快乐。然而，雷锋的幸福是高尚的，因为他的幸福是建立在全心全意为人民服务的基础之上，“我从小就生长在毛主席的故乡，经常听到老人讲毛主席在小时候就很关心穷人、为人民做好事的故事。又通过几年来学习毛主席著作，更加深了对毛主席的热爱。使我深刻地认识到：毛主席的伟大实践过程，也就是全心全意为人民服务的过程。这给我的启发很大，教育很深。因此，我给自己规定：凡是对人民有利的事，就坚决拥护，积极去做，宁肯牺牲个人的一切。凡是对人民不利的事，坚决不做，并进行斗争。用它当做一个标尺，经常来衡量自己，检查自己，鞭策自己，这样也就促使我时时刻刻想为人民做点好事。有时我走路也想，吃饭也想，睡觉还想，看到一个问题或一件新事也想。不让一切不利于革命事业的个人利益、个人虚荣等肮脏的、低级趣味的东西来玷污自己。”雷锋在日记中的这段表白，使得那些“傻”的非议，在这种崇高的快乐面前，显得是那么的苍白、无力。

也正是雷锋把他的幸福建立在全心全意为人民服务上，因此，雷锋的“傻”反而得到了人民大众的赞扬和认可。

今天早上，下着大雨，我因公从抚顺到沈阳。早5点钟从家出发，在到车站的路上，看到一位妇女背着小孩，手还拉着一个六七岁的小女孩去赶车，她们母子三人都没有穿雨衣，那个小女孩因掉进泥坑里，弄了一身泥，一边走还一边哭。看到这种情况 ，我立刻想起了毛主席教导我们无论到什么地方都要关心群众，帮他们解决困难。……我急忙跑上前去，脱下自己的雨衣披在那位背小孩妇女的身上，马上又背起那小女孩一同到了车站。上车后，我见那小女孩冻得直打颤，全身没有一点干处，头发还在掉水。咋办呢？我摸着自己一身衣服也湿了，急忙解开外衣，发现贴身的那件绒衣是干的，立即脱下来穿在了那小女孩的身上。听他们说没吃早饭就来赶车了，我把早上没吃的三个馒头送给了他们。上午9点钟，列车到了沈阳站，我没顾到肚子饿，又背着那小女孩跟随她母亲，把她们送到了家里。我要离开她家的时候，那位妇女紧紧地握着我的手不放，激动地说：“同志！我怎么感谢你呢？”说着热泪滚滚直掉，把我也感动得不知说啥好。

前两个月的一个星期天，我到卫生连去看病回来，走到半路上，看到团部前面那块空地上正在建筑楼房——听说要盖一所小学校。心想，领导上经常讲要发扬拥政爱民的光荣传统，反正今天我休息，何不和工人同志一起参加点劳动呢！我鼓起勇气跑到工地找了一辆手推车，帮助工人同志推起砖来，一气推了八九车。工人们开始休息了，我还是一个劲地推。工人们感到很奇怪：从哪里来了这么一位解放军战士帮助推砖？有一位穿蓝制服的同志走到我面前，紧紧握住我的手，问我是哪个部队的，叫什么名字。我本不想告诉他，可身边一个工人同志说："他是我们建筑公司第二工区党总支李书记。"这下把我难住了：不说不好，说吧，你们准又是一通表扬。我只说今天没事，参加点劳动是应该的。可是不行，他们一定要知道我的名字，我只好说了。星期天两餐饭，我一气干到快吃晚饭了，回到连队。傍晚，工人们敲锣打鼓地来到我们连，送来一张用大红纸写的感谢信。连里同志这时才知道我带病参加了一天义务劳动。说来也怪，参加点劳动，我的肚子反而不痛了，所以我开玩笑说：参加义务劳动能治病。

还有一次，1960年辽阳遭受了百年没有过的洪水侵袭，国家和人民的财产受到了很大的损失。雷锋认为自己是一名中国人民解放军战士，要以实际行动来支援灾区人民。于是，他把工作以来储存的100元钱寄给了中共辽阳市委，以支援灾区人民公社发展生产。为此，中共辽阳市委还专门给雷锋所在的部队写了封表扬信："8月28日，雷锋同志给我们来了信并随信寄来100元钱，表示他对灾区的关怀和支援。雷锋同志能在我们遭受特大水灾之时，寄信和邮钱，从道义上和财力上支援我市灾区，这种崇高的阶级友爱精神，说明了一个问题：就是人民解放军作为人民的子弟兵和人民有着密不可分的血肉联系，说明了我们的人民解放军有着一贯的与人民同甘苦共患难的光荣传统。雷锋同志能够有着至高无上的共产主义品德，也是党和部队长期教导的结果。……我们一定教育灾区人民，学习雷锋同志的阶级友爱和共产主义品格，鼓足更大的干劲，更加奋发图强，为彻底医治洪水创伤，重建辽阳幸福的新农村而努力。”

“力量从团结来，智慧从劳动来，行动从思想来，荣誉从集体来。”

雷锋是时代的典型，他的一言一行铸成了那个时代的精神之峰。但雷锋并不是一个人在战斗，他有着很强的团结意识，用现在的话说就是有着很强的团队精神。他认识到一个人的力量是微不足道的，只有团结、带动他人，才能做出最大的贡献。他曾写过一首关于团结的小诗：“力量从团结来，智慧从劳动来，行动从思想来，荣誉从集体来。”他还在日记中写道：“我懂得了这个道理：一朵鲜花扮不出美丽的春天，一个人先进总是单枪匹马，众人先进才能移山填海。”

入伍后，雷锋被分配到运输连，和30多名新同志一起开始学习汽车构造、汽车原理和驾驶。“学了一个星期以后，有的同志认为进度快，记不住，不好学。和我一个班的佟占佩同志，接受能力差一些，今天学了，明天就忘了。他感到学汽车理论很吃力，第一次测验考了个不及格，有些灰心了。排长（也是汽车教员）对我说：‘你学得好些，要好好帮助佟占佩同志，下次测验，你们都得5分那有多好！’我想排长说得对：自己学习成绩再好，将来只能开一台车，要是大家学习都好，那不是能开更多的汽车吗？班长也专门分配我帮助佟占佩。怎么个帮助法呢？课后小组讨论，我总是让他先发言，不懂的地方就提示一下，渐渐有了起色。有一天，我们讨论汽化器的构造和工作情况，他怎么也说不清楚。我就拿着图给他讲解，他还是摇头说记不住。我分小节讲，讲一小节，让他重复一遍，这样一句一句地教，教了两个多小时，他终于弄明白了。我们起早贪黑地在一起学习，他有了明显进步。第二次测验，结果得了5分，大家都为他高兴。”

雷锋的这种团队精神并不是一开始就有的，他在1961年10月的一篇日记中就曾写道："我做事，老好一个人去干，不爱叫别人，生怕人家不高兴。就拿扫地来说，我每天早上忙得不可开交，有的同志却闲着没事，自己累得够戗，可是扫的地段不大。有时室外卫生没有及时打扫，首长看了不满意，我为这个问题真有点着急。"雷锋的一举一动都被他的连长看在了眼里，于是连长主动找到雷锋，开导他说："火车头的力量很大，如果脱离了车厢，就起不到什么作用。一个人做工作，如果脱离了群众，就会一事无成……"连长的这番话给了雷锋很大的教育和启发，使他懂得了一个人只有和集体结合在一起才能最有力量。于是，雷锋发动了全班的同志打扫卫生，由于大家一齐动手，很快就把室内室外打扫得干干净净。"今后我无论做什么，一定要走群众路线，依靠群众，发动群众，团结群众，一道为社会主义建设和实现共产主义而贡献力量。"雷锋在当天的日记中如是写道。

团队精神，强调的是集体力量。但集体力量的发动，需要其中领导者的以身作则，雷锋用自己的行动带动、影响了团体力量的发挥。刚到辽阳弓长岭时，条件十分艰苦，"我们盖房子的时候，就有很多困难，特别是东北的天气比南方冷，下了雪，水还结冰，和泥是最困难的，我每天早上就提早1个小时上班，参加和泥。去和泥的时候啊，我想到为了提高我们和泥的质量，为了和得快，我就脱下了鞋，跳到泥巴中间去和泥。我的脚被冻得像针扎一样难受，但是我想到这是为了社会主义建设，我的心还是暖呼呼的。又有两名共青团员同志看到我这样，也跳了进来。我就和他们两个团结在一起，分工合作，我们提高了工效。以前，是6个人和泥还供不上10个瓦匠的需要，现在呀我们就3个人和泥不但供上了10个瓦匠的用泥，而且还有多余时间，帮助瓦匠运砖。"

团队力量的发挥，还有一个重要因素是需要领导者具有强大的人格魅力，因为，如果一个领导者不能在平时与其他合作者打成一片，就很难在问题面前凝聚合力。而雷锋正是通过平时对周围人的一点一滴的关心爱护，使得他能够赢得其他人的信任和帮助。

雷锋入伍的第一天就感冒了，“我到达部队的头一天，因为乘火车时车厢里热，我脱掉了衣服，下车受了凉。深夜睡不着觉，止不住地咳嗽，发烧，有时还发冷。下半夜了，营长来到我们宿舍，有的同志被子没有盖好，他轻轻地给盖好。他发现我还没睡，走到我身边见我咳嗽，就轻声问：‘你感冒了吗？’我说：‘没什么。’当时我想，这点小病还是不告诉首长好，以免麻烦首长。营长连夜查铺两三次，发现我一直没睡，知道我感冒了，就从卫生连叫来一位医生给我诊治，吃了药，叫我好好睡觉。亲如爹娘的营长啊，怕我冻着，脱下自己的棉大衣，还送来一床新被子，都盖在我身上。我激动得泪水流湿了枕头，我真想掏出自己的心来献给党，我下定了决心，入伍了，一定要好好地为人民服务。”此后，雷锋也在工作生活中倾注了对战友的关心爱护，在日记中他曾记录了这样一件事：当时，有一名新同志调到了雷锋所在的班，没想到第三天就生病了，由于他与大家都不熟悉，在病中更加感到孤单。这时，雷锋觉得有责任去关心他、体贴他，给予他温暖。于是，雷锋主动请卫生员给他看了病，并给他打开水吃药，打洗脸水，给他洗脸，做病号饭送给他吃。雷锋还把自己的棉大衣给他盖在身上，安慰他好好休息；到澡堂洗澡的时候，雷锋还给他擦澡；同时，在生活方面给予这名新同志一定的照顾。“雪中送炭”往往更让人难忘，这名新同志激动地对雷锋说：“班长，你对我太关心了，人心都是肉长的，我再不好好干，也说不过去了。”于是，第四天一早，这名新同志就主动地参加劳动去了。还有一次，连首长给了雷锋所在的班下达了一个任务，上山割草拉回来盖菜窖。考虑到一上午不可能完成这项工作，因此，早上出发时，连里还要求每名同志自己带上中午的饭。经过一上午的紧张劳动，大家都感到十分疲劳。中午 12

点时，带队领导组织大家休息、吃饭。正当大家有说有笑地吃饭休息时，雷锋突然发现王延堂同志坐在一旁看着大家吃饭。雷锋走到他面前一看，原来他没有带饭来。于是，雷锋拿出了自己带的一盒饭给他吃。在这天的日记中，雷锋写道："我虽然饿一点，让他吃饱，这是我最大的快乐。我要牢牢记住这段名言：对待同志要像春天般的温暖，对待工作要像夏天一样的火热，对待个人主义要像秋风扫落叶一样，对待敌人要像严冬一样残酷无情。"

雷锋的团队精神，还在于他能平等地对待每一名同志。一次，雷锋所在班调来一名新同志。由于他来自农村，学习少，政治觉悟比较低，对各种问题的看法有点片面。因此，雷锋班上有的同志对他有意见，说他是个落后分子。但雷锋并没有因此嫌弃和疏远这名同志，雷锋认为：这个同志过去受过苦，现在革命热情高，工作能吃苦。虽然在某些方面，他可能与其他同志有差距，但这个同志有一个最大的特点，就是敢于改正缺点和错误。从这点来看，还是有办法的。针对这个矛盾，雷锋组织大家学习了毛主席"共产党员对于落后的人们的态度，不是轻视他们，看不起他们，而是亲近他们，团结他们，说服他们，鼓励他们前进"的教导，大家统一了认识，改变了态度。

"人不怕有错误，就怕犯了错误不改，能够坚决改正错误，那就是好同志，同志们是不会看不起你的。"

人无完人，每个人都有自己的不足。有的人自高自大，看不到自己的缺点，有的人知错不改，即使知道自己存在缺点，也缺乏改正的勇气与意志。而雷锋，他性格中的一大优点就是能够常常自省，"雷锋呀，雷锋！我警告你牢记：千万不可以骄傲。你永远不能忘记，是党把你从虎口中拯救出来，是党给了你一切……至于你能做一点事情了，那是自己应尽的义务。你每一点微小的成绩和进步都应该归于党，要记在党的账上。我一定听党和毛主席的话，把我的青春献给世界上最壮丽的事业——为人类解放而斗争。”雷锋在日记中曾这样反省自己。除了自省，雷锋的过人之处还在于能够听取别人的批评，能够知错就改，在改正缺点不足的过程中实现自我的完善。

例如，雷锋刚刚入伍时，有时会不自觉地触犯纪律，但雷锋却能够及时改正，1961 年 6 月雷锋应邀到抚顺建设街小学和本溪路小学讲故事时专门谈到这个事：

> 我刚入伍的时候，还是一个很幼稚的青年，有时不自觉地就违犯了纪律。记得一个星期日，我认为放了假，就可以随便外出了，谁也没有告诉，我就上街去照相。这件事被指导员知道了，吃过午饭就找我谈话。他搬一张凳子叫我坐下，和蔼地问我：“雷锋，你今天上街请假了没有？”我难为情地回答说：“没有。”
>
> 指导员说：“这样不好哇，部队嘛，要有严格的组织纪律，不论做什么都要请示报告，星期天外出也要说一声。如果军队没有严格的组织纪律，就会成为一盘散沙，那怎么能战胜敌人呢！毛主席说，我们这个军队之所以有力量，是因为所有参加这个军队的人，都具有自觉的纪律。邱少云同志就是我们学习的榜样，他在战场上，敌人的燃烧弹烧着了他的衣服，可是，他为了不暴露目标，宁愿烈火烧身也一动不动，一直坚持到最后牺牲……”
>
> 我听到这里，心里难过极了，哭了。指导员又说：“只要认识到自己错了，今后改正就行了，哭什么？”打那以后直到现在，我再没有违反组织纪律和各种制度。

雷锋在日记中就记录了一次他接受批评、改进自我的谈话。“今天陈排长找我谈了一番话，对我的启发和教育很大。从多次的谈话中，使我深知，陈排长是一个直爽、诚实，对同志关心、对革命负责的好干部，这种精神和优良作风，我要永远学习。排长谈道，据同志们反映说，我工作主观，其事实是：到浑河农场拉菜，我看农场里的同志都已吃晚饭了，心想战友艾起福、何国良出了一天车，比较累，再说午饭吃的早，也可能饿了。我和农场的管理员联系了一下，准备好了饭，叫他们两位司机吃，可是他们硬不吃，说天快黑了，车没有灯，要赶紧回队。我想回去也要吃饭，现在这里饭已准备好了，在哪吃还不一样吗？再三劝他俩吃，最后他俩还是没有吃，我也就和他俩一块拉菜归队了。事后他俩说我办事主观。今天排长给我指出，要我今后办事多和群众商量，注意工作方法。我觉得很好，一定改进。至于其他方面的小缺点，我也要特别注意，加以纠正。有些反映虽然有出入，但我也很欢迎，今后提高警惕，随时注意。我深记了斯大林的教导：'我们不能要求批评百分之百的正确。如果批评是来自下面的，那么即使这种批评只有百分之五到百分之十是正确的，我们也不应当忽视。'今天我是一个班长，对于战士的反映和意见，丝毫不能轻视，一定要坚决克服缺点，做好工作。排长要我抓紧时间努力学习，提高政治觉悟和技术水平。这些好话，牢记心间，照着去做，定能进步。"

还有一次，吃早饭时，雷锋看到炊事班的饭盆里有很多锅巴，便随手拿了一块吃。炊事员同志说："自觉点啊！"雷锋听了这句话，心里很难受，觉得吃一块锅巴有什么？于是他赌气地把那块锅巴放到饭盆里，甩手而去。这时，通信员送来了一张报纸，雷锋首先看到报纸上毛主席的语录："因为我们是为人民服务的，所以，我们如果有缺点，就不怕别人批评指出。不管是什么人，谁向我们指出都行。只要你说得对，我们就改正。"雷锋一口气把这段话念了10多遍，越念越感到自己不对，越念越感到毛主席的这些话好像是专门对他说的，越念越后悔不该和炊事员赌气。雷锋自己问自己："你多不虚心呀！人家批评重一点，你就受不了啦！"想来想去，雷锋还是硬着头皮跑到炊事班，承认了自己拿锅巴吃不对，并检查了自己的缺点。那个炊事员感动地说："你对自己要求这么严，真是好同志……"

对于如何看待领导和同志善意的批评，雷锋的战友范世绅曾给《前进报》写过雷锋关心帮助他认识改正错误的谈话稿，其中记录了雷锋的深刻认识："领导和同志们帮助你，是对你的关心和爱护呀，你应该很好地承认错误。你想，我们来到部队是干什么的呢？咱们过去都是穷人家出身，吃不饱、穿不暖，解放以后，在党和毛主席的领导下，才过上了幸福生活，再不用为吃穿犯愁了。我们今天来当兵，就是要保卫幸福的生活，保卫祖国的社会主义建设，我们应该好好地为人民服务，要是不听党的话，犯了错误，这能对得起谁呢？再说，我们入伍的时候，父母亲又是怎样嘱咐的呢？他们是叫我们在部队里，加强锻炼，使自己成为一个有政治觉悟的人，叫我们学习一些本领，难道我们能够忘记吗？……人不怕有错误，就怕犯了错误不改，能够坚决改正错误，那就是好同志，同志们是不会看不起你的。"

雷锋，由一个普通人，通过做的一件件普通的事，从而一步步铸就精神的辉煌，正是他以一颗感恩的心，通过脚踏实地的奋斗，通过不断地反省自身、改正缺点而逐步实现的；在这一过程中，雷锋又能将个人的发展融入时代，顺应潮流，在学习理论中提升精神境界，在学习英模中找到了奋斗方向。这种精神境界、这个奋斗方向就是全心全意为人民服务，有人做过统计，在《雷锋日记》等各种相关文字留存中，"人民"一词出现过100多次。在此基础上，关于爱、忠诚、坚强、乐观、奉献、敬业、进取、自强、奋斗、勤俭等，这些雷锋身上所体现出的崇高境界和优秀品质，无疑是今天每一个渴望成功的年轻人最可珍贵的精神财富。

雷锋是不朽的丰碑，雷锋是永远的榜样。“学习雷锋好榜样”，让我们共同高唱雷锋之歌，与时代同行，与文明相随!

第四章 谁是雷锋

“人的生命是有限的，可是，为人民服务是无限的。我愿把有限的生命投入到无限的为人民服务之中去。” 1961 年 10 月 20 日，雷锋在日记中写了这段话。日月如梭，时光荏苒，雷锋已经离开我们半个世纪了，他的生命永远定格在了 22 岁。

生命是有限的，可精神是无限的；青春是有限的，可怀念是无限的。

雷锋，这个共和国普通的一名士兵，不仅打动了他同时代的人，也感动着他身后一代又一代的中国人。追寻着雷锋的足迹，50 年间神州大地上一个又一个雷锋式先进人物涌现出来，他们像雷锋那样做人，赋予雷锋精神新的时代意蕴，在雷锋后面留下了一串闪闪发光的名字……这一个个闪光的名字，在祖国大地上广为传颂，形成了崇尚先进、学习先进、争当先进的浓厚社会氛围。他们是时代的先锋、社会的典范、人民群众的楷模。他们在平凡之中见伟大，关键时刻显本色，在群众中有着广泛的影响力和感召力，是雷锋精神在各个时代具体、生动的体现。

雷锋牺牲的当年，一个叫刘英俊的青年入伍了，这个和雷锋同样年轻的战士，把“向雷锋同志学习”的题词，写在了自己的日记中，也深深地刻在了自己的心里。他是连队里的“业余修理员”，也是出差途中的“义务勤务员”，还是小学的“校外辅导员”；当群众生命面临危险时，他毅然选择了人生的最后一个角色——“群众生命的守护员”。

就在雷锋牺牲的那一年，一个满怀理想的青年光荣入伍，成为了一名重炮连战士。这名青年在入伍申请书中写道：“我志愿申请报名应征入伍，去担负起保卫祖国的光荣任务。因为我是中华人民共和国的一个公民，我有保卫祖国的神圣职责。……我是一个独生子，使我感到最高兴的是二位老人能支持我去应征入伍，去担负起保卫祖国、保卫人民的重大责任，我有颗火热的心，决心到保卫祖国的岗位上去。我宣誓，我一定要到保卫祖国的前线，去捍卫祖国的领土和边疆。这使我不能不联想到我生长在这样的国土里，生长在毛泽东时代而自豪。这样的生活从何处来？这是我们的前辈用鲜血换来的，所以我决心去应征入伍，用我的实际行动来报答老前辈对我的希望。虽然人的生命只有一条，但是生命的宝贵比不上祖国更宝贵。只要我一心一意为了祖国，为了人民，为了真理，哪怕牺牲了自己的生命，失去了自己的青春，我也感到骄傲和自豪，也是光荣的，也是幸福的。”

写下这封感情热烈入伍申请书的青年，名字叫刘英俊。

刘英俊入伍的第二年，毛泽东等老一辈无产阶级革命家发出向雷锋同志学习的伟大号召。刘英俊如饥似渴地阅读了大量关于雷锋事迹的报道，雷锋的一言一行成为他学习的榜样、行动的标杆，他决定要做一名雷锋式的好战士。

他在 1964 年 5 月 17 日的日记中写道：“用雷锋的话作为我的诺言吧：

我深切地认识到，要想成长进步，要想为党做更多的工作，就必须认真读毛主席的书，听毛主席的话，照毛主席的指示办事，才能做毛主席的好战士。我一定要抓紧点滴时间进行学习，……坚决做到边学、边想、边改、边运用。”战友郭淑芝曾回忆说：“1963 年，全国各地响应毛主席的伟大号召，开展了向雷锋同志学习的活动。是他，第一个把雷锋同志的日记抄给我，把雷锋同志的照片剪下来寄给我。从他的来信中，可以看出，他被雷锋同志的崇高品质强烈地感染着。他说：‘我们一定要像雷锋同志那样，把有限的生命，投入到无限的为人民服务之中去，做一个永不生锈的螺丝钉，当一个无名英雄！’此后，他多次来信，都在信封上写上了雷锋的话，愿我们共勉。”

通过对雷锋感人事迹的学习，刘英俊的认识水平得到了很大提高，树立起远大理想，决心做一名全心全意为人民服务的共产主义战士。1963 年 5 月 9 日刘英俊在给友人的一封信中这样写道：“你提出：一、什么样的人才算是真正的人？二、什么样的作风是最朴实的？三、什么样的品德是最高尚的？这三个问题，连起来给你作解答：雷锋就是真正的人，也是最朴实的，品德是最高尚的。雷锋以其短短的一生为人民所做的千百件平凡的事情，但是在这些平凡的事情上闪耀着的却是共产主义思想的光辉。从雷锋身上，我们看到他的精神面貌和思想品质已经达到了国内共产主义者的高度。谁要成为真正的人和共产主义者，就必须向雷锋学习，就必须坚决清除个人主义思想，像雷锋那样把集体利益看得高于一切，做一个全心全意为人民服务的集体主义者……”

刘英俊把学习雷锋化作自己的实际行动，向雷锋学习，向雷锋看齐，从身边做起，从点滴做起，主动寻找机会做好事。

在部队驻地，他主动担当起附近学校的“校外辅导员”。当时，刘英俊所在的部队在八一节前夕收到驻地永安小学同学们写来的慰问信，刘英俊回信回得最认真，写得最好。此后，刘英俊就成了该校的校外辅导员，经常利用空余时间与孩子们谈心，交朋友，他还用自己的津贴给学校买了许多宣传革命英雄人物的书籍。

在医院住院期间，他又成了“劳动休养员”，帮助那些行动不便的重病号打水、端饭，协助医护人员做卫生、出板报，护理员武庆兰在他的鼓励下，也入了团，并被评为五好护理员。

在连队里，刘英俊经常利用节假日修理桌椅、信箱、劳动工具，战友们亲切地称他为“老不闲”。

刘英俊做好事从来不留名，这一点佳木斯市某区委会治保主任林翠兰深有体会。林翠兰曾回忆说：“一年冬天，一个解放军战士进来向我打听哪些是烈属、军属，哪家是五保户，好抽空帮助他们干些活。从那以后，他就常来做好事，从扛粮、推煤，到挑水、劈柴，什么活都干。”但林翠兰一直不知道这名解放军战士的真实姓名。一次，林翠兰问他说，“同志啊，你帮助我们做了这么多好事，可我们还不知道你姓啥、叫啥？”他说：“我姓王，你叫我王同志就行。”林翠兰跟着问他：“你们部队住在哪里？”他一面说我们是邻居，一面挑起担子乐呵呵地跑了，林翠兰想写封感谢信都没写成。军属刘大爷也曾这样问过刘英俊，但得到的答案仍然只是“王同志”。刘英俊牺牲后，刘大爷才知道真相，他捧着刘英俊的照片哭：“英俊啊，你的真名实姓瞒了大爷一辈子啊！”李桂英大娘也回忆说：“刘英俊这孩子做好事就是不留名。他可膀实了，说没就没了。”刘英俊每月的1号都会来给李大娘买粮，从未遗漏。李大娘说：“他在这片做好事，一直说自己姓王，人们都知道有一个姓王的解放军净做好事。后来我知道了他真实的姓名，一次我拍他肩膀问他，这是为什么？他笑笑说，看《雷锋》电影看的，看了长知识，那电影里不是有一个王大力吗？雷锋有成绩，把成绩记在王大力的名下。”

刘英俊在日记中写道：“一个人无论是活多长时间，他的死，只要是献给党的壮丽的共产主义事业，那就是无限光荣的，有价值的。雷锋能，我也能。”他是这么说的，也是这么做的，他用自己的生命奏出了时代最强音。

1966年3月15日清晨，黑龙江省佳木斯市还是一片冰天雪地。七点半钟，刘英俊所在炮连到佳木斯市郊外执行训练任务，三辆炮车在辕马的牵引下上了路。当马车快要行到佳木斯纺织厂公交车站的时候，正赶上工人上班、学生上学时间，人多车杂。为了防止意外，车队放慢了速度，但意想不到的事情还是发生了。一辆载重汽车驶来，刺耳的喇叭声惊吓了拉炮辕马，其中一辆炮车的辕马掉头猛跑，直朝人群冲去。担任炮车驭手的刘英俊使劲用肩膀抵住惊马的脖子，把它推到了路边的一条小岔道上。但这匹马仍然向前飞奔，旁边有经验的老百姓看到这个情形，忙向刘英俊喊：“快撒手！快撒手！快撒手！”

刘英俊不是不知道此时的危险，但这时他发现在炮车前面不远处有6名背着书包上学的孩子，他们被飞奔而来的惊马吓得不知所措。刘英俊所救6名儿童之一曹文河回忆说：“突然间，就听后边召唤，小孩你快躲开，你们快躲开，我回头一看马上来了。当时我都吓坏了，头发都立起来了，那马越来越近，肯定会撞到我们。当时我就连滚带爬往边上跑。”刘英俊一边喊：“我不能撒！不能撒！”一边用右手将缰绳在胳膊上猛缠几道，然后猛力一拉，使惊马前蹄腾空而起。刘英俊乘机用左腿猛踹马后腿，使马倒下。6名儿童安然脱险，但刘英俊却被压在翻倒的车底，马屁股压在他大腿之上，车轮挤着他的肩膀……。曹文河回忆当时的情景说：“我就到了跟前瞅一瞅，哇，有血。”刘英俊生前战友于春芳回忆说：“把刘英俊从马的身下抬出来的时候，刘英俊的手，还紧紧地抓着马的缰绳。”

闻讯赶来的李军医做了两个多小时的人工呼吸，全佳木斯主要医院的名医都来了。听说要输血，不但刘英俊所在部队的指战员都踊跃献血，还有很多附近的老百姓也自愿献血。但由于伤势过重，刘英俊还是献出了自己年仅21岁的宝贵生命。

“刘英俊，活着像雷锋一样那么执著，当他牺牲的时候像王杰、欧阳海一样辉煌。”于春芳这样评价道。

刘英俊牺牲后，所在部队党委给他追记一等功，追认他为中国共产党正式党员。1966年7月2日中共中央东北局发出的《关于学习刘英俊同志的通知》中指出：“刘英俊同志，是在毛泽东时代里出现的又一个雷锋、欧阳海、王杰式的伟大共产主义战士。”1966年7月14日中国人民解放军总政治部发出了《关于在全军开展宣传和学习刘英俊同志的活动的通知》，其中指出：“沈阳部队某炮连战士刘英俊，于今年3月15日，为保卫人民群众的生命安全英勇牺牲。这是我军又一个欧阳海式的英雄人物，是我们时代又一个雷锋、王杰式的伟大共产主义战士。”

1966年7月28日《人民日报》发表社论《人民的好儿子》，其中写道：

毛泽东同志经常教育我们，要学习白求恩同志毫不利己、专门利人的精神。他说：“一个人能力有大小，但只要有这点精神，就是一个高尚的人，一个纯粹的人，一个有道德的人，一个脱离了低级趣味的人，一个有益于人民的人。”

这种精神，就是全心全意为人民服务。

这种精神，就是为了共产主义事业的需要，一辈子埋头工作，任劳任怨，不求名，不为利，安于当螺丝钉，安于做人民革命事业的普通一兵。

这种精神，就是为人民，为革命，不怕苦，也不怕死。正如毛泽东同志所说的，为人民利益而死，就比泰山还重。

谁有了这样的精神，谁就能够经受一切严峻的阶级斗争和革命战争的考验，经受各种艰难困苦的考验。

在人民革命战争的枪林弹雨中，就可以成为董存瑞、黄继光、司马义买买提、罗光燮、麦贤得。

在敌人的铡刀、老虎凳前面，就可以成为刘胡兰、江竹筠。

在紧急的危险关头，就可以成为向秀丽、欧阳海、王杰、刘英俊。

在紧张的工作和致命的疾病面前，就可以成为焦裕禄。

在日常的平凡工作中，就可以成为雷锋和雷锋式的人物……

1967年3月15日，刘英俊烈士牺牲一周年之际，邮电部向全国发行《刘英俊》纪念邮票，在解放军英模中，只有雷锋和他享此殊荣。

连队战友和当地群众回忆刘英俊同志的生平时曾说：“毛主席发出‘向雷锋同志学习’的伟大号召，他把这句话记在本子上，写在墙壁上，刻在锄柄上，印在心坎上，落在行动上，……他在日记中表示，一定要‘接过雷锋、王杰的枪，把革命进行到底；接过他们的日记，把他们没有写完的写下去，为共产主义事业奋斗终生。’”

刘英俊用自己的行动实践了自己的诺言！

雷锋牺牲后，出现了“又一个伟大的共产主义战士”王杰，他把《雷锋日记》看了一遍又一遍，他总是告诉那些他所帮助过的群众他的名字叫“解放军”，他在危急险阻关头冲在第一线，他将自己的生命献给了保护人民之中，他“是我们时代的又一个雷锋”。

“王杰同志是雷锋之后，出现的又一个伟大的共产主义战士。王杰同志是毛主席的好战士，是董存瑞、黄继光式的英雄，是我们时代的又一个雷锋。”1965年11月8日在《解放军报》上刊发的《一心为革命　一切为革命》一文对王杰作出了如上评价。

王杰，1942年出生于山东省金乡县，1961年8月，参加中国人民解放军，成为济南军区装甲兵某部工兵连的一名战士。当雷锋的感人事迹在神州大地上广为传播后，王杰就以雷锋为榜样，立志做一个像雷锋那样的好战士。

王杰在1963年的一篇日记中写道：“毛主席的好战士——雷锋，他所做的都是一件件平凡的事情，但就是这些平凡的事情，铸成了他那高贵的革命品质，在那平凡的工作中，做出了动人的事迹。以前我总认为在平凡的工作岗位上，没有前途，做不出什么名堂来，雷锋的英雄事迹启发了我，给了我力量。在祖国的社会主义建设中，正是这些‘平凡’的工作成就了伟大的事业，正是这无数做‘平凡’工作的人，组成了建设社会主义的主力军。在平凡的工作岗位上，只要像雷锋一样全心全意地为人民服务，做一个永不生锈的螺丝钉，同样会做出伟大的事业。今后我一定向雷锋学习，在保卫祖国的岗位上，当好普通一兵，做一个雷锋式的毛主席的好战士，做一个永不生锈的螺丝钉。”

王杰用自己的行动在平凡中铸就不平凡。一次，他随部队外出执行修路任务。劳累了一整天，终于修好了路。就在大家就地休息时，王杰看到村边的一个牲口棚里，一位老大爷挑着一副水桶出去担水，走起路来，十分吃力。王杰没有犹豫，立刻跑上去帮助老大爷。他不但把水缸全部灌满，还帮助老大爷铡草。看着累得满头大汗、气喘吁吁的王杰，老大爷在一旁感激地说：“这同志真好，累了一天，还帮我们干活，真是人民的好军队！”还有一次，王杰上街买东西，这时他发现一个老大娘看病后缺少回程的路费，便主动掏出自己的津贴费塞给老人。当老人问他叫什么时，他说叫“解放军”。

“雷锋的日记我不止看了一遍，已看了数遍啦！前天晚上，我怀着激动的心情又读了两遍，学习了雷锋我又对照了自己。雷锋干啥都是忘我，不论干什么工作想到的是国家、集体、人民的利益，而不考虑个人得失，这是何等高尚的品质，是多么值得学习的！今后坚决向雷锋学习，克服自己的个人主义思想，树立集体主义思想，处处以国家、集体、人民利益为重，以祖国需要为出发点，做一个名副其实的人民勤务员。”“看了电影《雷锋专号》、《南京路上好八连》，使我感受最深的是：雷锋处处以国家利益、党的利益、人民的利益为重，事事从党的需要出发。”王杰在日记中如上写道，表达出他将集体利益放在首位的崇高品质。

一天夜里，王杰所在单位的施工工地上突然狂风骤至，大雨倾盆。王杰从睡梦中惊醒，这时他突然想起工地上还放着油桶、木料等施工器材，如果不及时转移，将带来很大的损失。于是，他不顾一天的疲劳，立刻爬起来，冒着大雨跑到工地上，一趟又一趟将施工器材全部转移到山坡上，从而避免了国家财产的损失。还有一次，王杰所在的部队接到往河北衡水抗洪的命令，王杰在当天的日记中写道：“现在等待出发，东西都准备好啦，可是不走，我的心早就飞向受灾的地区，人民的生命财产等待我们去抢救，可为什么不走呢？时间过得太慢啦，过一天像一年那么长，命令下来就要飞向受灾的地区。我向领导表示了决心，下了保证：当兵是为人民，为党，为国而来的，不管任何工作党指到哪里就冲到哪里，就是需要献上青春也没怨言。”在这次抗洪中，王杰奋不顾身，总是冲在危险的第一线。当时，上级命令他们到木料场去抢运木料，通往木料场的道路和木料场的场地已被洪水淹没，因此必须首先派尖兵探出一条安全的路来。王杰不是不知道危险，但想到集体的利益，想到身后的战友，他抢先要求担负这项战斗任务。他一步步接近木料场，洪水已经齐胸，水下情形十分复杂，好几次王杰都掉进没过头顶的深坑。

好不容易来到木料场，但进出口很难寻找，于是王杰又摸索着寻找，腿上、手上被水下的铁丝网划出道道血痕。他奋不顾身、迎难而进的精神，极大地鼓舞和教育了身边的战友，也使他获得了三等功的奖励。

王杰以雷锋为榜样，视战友如兄弟。长途行军，王杰脚上起了水泡，但他一放下背包，先给其他战友打水烧水，帮助炊事班生火切菜，然后才休息。王杰生前的战友还曾回忆了这样一件小事：在一次冬训中，战士们练的是架桥作业：打开冰冻的河流，测量水的深度、流速和土质等，再把桥桩打下去，把桥板整齐地铺起来。经过一整天的作业，战友们已经十分疲劳了，班长由于着凉感冒了。王杰知道班长要在晚上站第一班岗，于是他主动要求替班长站好这班岗。班长答应了这个请求，并交代王杰别忘了叫醒第二班岗的同志。第二天，当班长起来时，发现王杰床铺上的被子叠得整整齐齐，原来王杰知道大家都很劳累，于是通宵都守在岗位上，目的是让其他同志多休息一会儿。虽然做了这么多，但王杰仍然认为自己与雷锋相比，还有很大差距。1964 年 1 月 1 日，王杰在日记中总结了一年以来的工作和学习情况，同时认为："在过去的一年里，虽然有很大的进步，但是回顾一下，我还存在着不少缺点，如个人的修养还不够，不像雷锋对同志那样——对待同志像春天般的温暖，工作上缺乏艰苦细致的作风，吃苦性差，缺乏苦练技术的干劲，在帮助后进同志上做的还不够，自己是单枪匹马而不管别人。电影《战火中的青春》中高山同志说得好，单枪匹马瞎闯出来的英雄算什么英雄。所有这些都是不符合党的要求的，想到这里心里就感到惭愧。"

1965 年五一节后，王杰在日记中写道："我们要一不怕苦，二不怕死，做一个大无畏的人。"这句话以后就成为王杰精神的集中概括。6 月 28 日，他又在日记中写下这样的誓言："只要革命需要，我一定像李玉和那样视死如归，不怕牺牲，直到战斗的最后一秒钟。"

1965年7月14日拂晓，王杰和往常一样，站完夜里最后一班岗，把全排每个洗脸盆都打好水后，与陈学义一起，到邳县张楼公社帮助民兵地雷班进行军事训练。

在训练场上，王杰首先向民兵们演示了拉火管、导火索和雷管，然后独自跑到几十米外的一条水渠上进行试爆。第一次成功了，可他还不放心，又做了第二次，才满意地走回训练场。此时民兵们已经挖好了地雷坑，围在四周，聚精会神地看王杰操作。当王杰把炸药包埋放在地雷坑内后，突然埋设炸药包的土层冒出了白烟。在这千钧一发之际，为了保护身边的12名民兵，王杰大喊一声“闪开”，同时飞身扑向炸药包。随着一声巨响，年仅23岁的王杰献出了自己的生命。

“要不是王教员扑上去，我们要死很多人！”事后民兵班长李彦清和民兵们流着眼泪说，“王教员是为救我们才牺牲的！”

1965年10月30日和31日《人民日报》、《解放军报》和中央人民广播电台分别刊登和广播了王杰日记摘抄。11月上旬发表了《一不怕苦，二不怕死》等数篇社论。11月27日，国防部命名他生前所在班为“王杰班”。党和国家领导人周恩来、朱德、董必武等为他题词，对王杰“一不怕苦，二不怕死”的精神给予高度赞扬。

王杰牺牲后，他的名字与雷锋一起，感动了整个中国。“我当时正在南京上学，为了表决心，就把自己原来按家谱起的名字改成了‘杰锋’，意思就是要学习王杰学习雷锋。”家住扬州的李杰锋先生回忆起当时的情形激动不已地说，“结果这个新名字出来后，同学都羡慕我占了先。改名字本来是瞒着父母的，后来父母也同意，就一直叫到今天。”

作为雷锋的同龄人，朱伯儒把学习雷锋融入自己的生命中，他任劳任怨，哪里有需要，哪里就有他的身影；他关心别人胜过关心自己，从困难群众到失足青年，他都倾注自己全部心血。

他是当之无愧的“学习雷锋的光荣标兵”。

1983年7月27日，时任中央军委主席邓小平签署命令，授予朱伯儒“学习雷锋的光荣标兵”荣誉称号。党和国家领导人为朱伯儒分别题词，号召全国军民向朱伯儒学习。

邓小平的题词是：“学习朱伯儒同志，做一个名副其实的共产党员，全心全意为人民服务。”

叶剑英的题词是：“人民公仆、模范党员”。

李先念的题词是：“像朱伯儒同志那样，热爱祖国，热爱人民，团结一心，建设四化。”

陈云的题词是：“向朱伯儒同志学习，为争取党风和社会风气的进一步好转而努力。”

彭真的题词是：“学习朱伯儒同志热心为人民服务的精神。”

徐向前的题词是：“学习朱伯儒同志，做雷锋式的共产主义战士。”

……

与此同时，新华社、人民日报、解放军报、中央人民广播电台、中央电视台等媒体集中报道了朱伯儒同志的先进事迹。《解放军报》在《当一个真正的共产主义者——向八十年代新雷锋朱伯儒学习》报道中写道：“六十年代，雷锋同志曾经以他崇高的革命品德和风格，在亿万人中间展现了一个伟大共产主义战士的光辉形象。今天，一个共产主义思想的模范实践者又出现在我们中间。他就是被人们热情赞誉为‘八十年代新雷锋’的朱伯儒同志。……朱伯儒的这一切，充分体现了雷锋的革命品德和风格，继承和发扬了雷锋的共产主义精神。”

朱伯儒是怎样的一个人？他为什么能够造成如此强烈的影响？还是让我们从他的感人事迹中寻找答案吧。

朱伯儒的老伴刘义文曾回忆起这样一件事：在朱伯儒和刘义文结合

之前，朱伯儒曾有过一个恋爱对象。1965年的一天，她和朱伯儒逛街，在公园门口，看到一个逃荒的老婆婆在向行人乞讨。于是朱伯儒就把4元钱放在老人手里，默默走开了。在当时，4元钱是一个不小的数目。结果，他的女朋友十分不高兴地说："给她钱干什么，还不如我们进餐馆吃一顿。"这话深深地刺疼了朱伯儒的心。此后，朱伯儒发现她自己用钱大方得惊人。最终，两人感情破裂，选择了分手。后来，朱伯儒与刘义文建立恋爱关系后，刘义文曾问朱伯儒："你看上了我哪一点？"朱伯儒俏皮地说："土、傻二气。"刘义文自己也说："说我'土'，确实有点土。我虽是武汉人，在城市长大，但因父母生活十分节俭，因而我也不讲究吃穿打扮；说我'傻'，也确有点'傻'，从小父亲教育我们兄妹不要把钱看得太重，花钱不要只想到自己。"

从这件小事上，我们可以看到，朱伯儒正是一个时时刻刻关心着人民群众的疾苦，急人民群众之所急，帮人民群众之所需的人。当群众有困难时，朱伯儒总是竭尽全力去帮助，去付出。有人说，他把那么多钱送给别人，怎么舍得？朱伯儒回答说："钱本来就是党和人民给的，我出生来到人间，缺吃少穿，哪有什么钱，现在将人民给我的钱，拿一点给人民群众解决困难，是应该的。""当我过上了好日子的时候，常想想还有一些生活不如我们的群众。有的群众碰到了困难，到了不扶一把不能过去的地步，一个党员能忍心看着不管吗？"

20世纪70年代初，朱伯儒调到设在某山区的一个临时指挥部当参谋。这里群山连绵，人民群众十分艰苦，其中有一个五保户刘永生老汉，孤身一人，住在四面透风的土屋中，由于气管炎发作，他的行动十分不便。曾经他央求一个亲戚夜里陪他做伴，但没想到那个亲戚竟然牵了一条狗去。当朱伯儒发现病中的刘老汉后，急忙跑回工地，请来军医给老人治病，还让爱人从武汉寄药来，并帮助老汉把房屋修整好。此后，只要朱伯儒一有空，他就会来看刘老汉，不但帮老汉挑水、扫地，还用自己的钱买来点心、礼物等。当朱伯儒爱人和孩子在分别后的第一个春节进山看朱伯儒时，朱伯儒却没有回家团聚，而是买来烧鸡香肠陪刘老汉过年。后来，朱伯儒调到其他地方工作后，刘老汉在临终前用微弱的声音对干部和群众说："共产党好，解放军好，党有朱参谋那样的好人！"

1977年，朱伯儒在工地当民工队长。临时工胡仕元因患肺结核突然大口地吐起鲜血来，正发高烧的朱伯儒得知这一情况后，强撑着虚弱的身体去看望胡仕元。妻子埋怨他说："你正发烧，又有病休条，有问题让领导安排一下不就行了？难道少了你地球就不转了？"朱伯儒却说："照你这样处理，没有什么不可以的。但是，我是他们的队长，无论如何，我今天也得去看他，我不能在一个民工有难时看着不管。"当胡仕元看到朱伯儒，立刻泪如雨下，强烈的求生欲望使他对朱伯儒说："好队长啊，救救我吧！"朱伯儒知道临时工住院治疗不能报销，他也知道小胡家境贫困，但他没有丝毫犹豫，当天中午就背着胡仕元上汽车转火车，下了火车又背了3里路，来到离工地300多里外的一个医院。在医院的治疗下，胡仕元的病情得到了控制。但屋漏偏遭连夜雨，他的未婚妻听说他得的是肺结核，竟然和他断绝了关系，而胡仕元的母亲风湿性关节炎又加重了，上高中的弟弟可能将不得不中断学业。在病中的胡仕元遭此打击，于是动了轻生的念头。当朱伯儒知道这一情况后，立刻买了水果、糕点到医院看望胡仕元。"家里的事你不必操心，纵有千斤重担，我们一起挑。"朱伯儒安慰胡仕元说，同时还给胡仕元家里寄了50元钱，40斤粮票。此后，每个星期日，朱伯儒都自费往返600里去探望胡仕元。胡仕元病好后，朱伯儒自己掏钱替他付了200多元医药费，并给了他150元，100斤粮票。为了让胡仕元能顺利工作，朱伯儒还陪他回到老家，并到公社向领导介绍了他的情况，建议妥善安排他的工作。胡仕元对朱伯儒感激之情难以言表，后来，胡仕元有了儿子时，特意取名叫“军军”；胡仕元的母亲还特意去看望朱伯儒，并激动地说：“我们遇上了你这样的好人，要不，哪有我们这美美的一家子！”

据统计，朱伯儒赡养过的非亲非故的孤身老人有10个，从死亡线上抢救过来的群众有7人。就是对失足青年，他也不是“推”而是“拉”，认为“铁有时也会生锈，把锈除掉，还是一块好铁”，他以极大的热情去感化迷途的青年。

一次，朱伯儒在乘车时抓住了一个正在行窃的小偷，当大家回过神来时，都纷纷喊打。然而，朱伯儒却挡住了人们的拳头说：“大家不要打，让我把他带到公安局去吧！”然而，朱伯儒并没有把那个行窃的青年带到公安局，而是领回了自己的家，并到厨房给他做饭吃。那个青年迷惑不解，朱伯儒笑着和蔼地说：“我想和你好好谈谈。”在交谈中，朱伯儒知道了这个青年姓黄，高中毕业后没考上大学，于是在社会上瞎混，沾染了追求金钱、贪图享受的坏习气。朱伯儒了解了这些情况后，狠狠批评了他的错误思想和丧失道德的行为，并说：“一个有道德的人，应该把幸福建立在自己的劳动上……”在深入的交谈中，小黄认识到了自己的错误，捂着脸呜呜地哭了起来。晚上，朱伯儒把小黄留在家里过夜，第二天还买来《青年道德修养》、《革命烈士诗抄》等书，并把家里的钥匙交给他，并说：家里的东西“需要的都拿去，就不要到社会上拿别人的东西”。说实话，朱伯儒当时心里也没底:“我信任他，万一他不信任我，在家里给我来一家伙，怎么办？我得回去看看。”可走到半路又折了回来。心想：反正家里也没有什么贵重的东西，顶多把电视机抱走，也没啥了不起。更重要的是，把钥匙交给他，说明了对他的信任。收回钥匙，就是收回了信任。而此时的小黄已被朱伯儒的信任深深地感动了，当朱伯儒下班回到家时，小黄没有走，不但把房间收拾好，还看了买来的书。

就这样，小黄在朱伯儒家住了两夜三天，朱伯儒每天都抽空和他谈做人的道理，谈理想和奋斗。在小黄准备回家时，朱伯儒给他买了车票，以及15斤猪肉和5斤猪油年糕，还给他15元买书的钱，并在送给小黄的一个笔记本扉页上写道："……路是人走出来的，要靠自己闯，愿你振作起来。生活的含义，就是前进。"小黄表示要"从头开始做人，不成为一个好青年不来见你"！

正是由于朱伯儒对群众的热忱帮助，使他同人民群众建立起患难与共、息息相通的友谊。上面提到的在朱伯儒帮助下的小黄，回家后再没走上邪路，他还把朱伯儒送给他的笔记本寄给了武汉空军部队领导机关。小黄在笔记本里满怀感激地写道："我真幸福，遇上了一个好心人。要不，我的今天不可想象，我要感谢这位好心人，照他说的去做，做一个有益于人民的人。"朱伯儒爱人刘义文还回忆过这样一件事：朱伯儒在豫西某山区工地时，她和孩子去探望，曾带去了不少好吃的东西。看到这些东西后，朱伯儒说："小刘啊，你看到没有，这里老乡生活苦，还是把它送给我过去的房东刘大婶、郭大婶吧。"两位大婶收了这点东西后，在一个雪天的早晨，让他们的女儿结伴给朱伯儒一家背来了红薯。两个孩子学她们母亲的话说："没什么稀罕东西送你们，这是刚从窖里拿出来的红薯，甜得很，就怕你们不喜欢。要是喜欢吃，我们家里还有。过几天，还要请你们到家里吃烙饼呢！"要知道送来的虽是几块红薯，但那是他们的口粮，也是群众的心！

朱伯儒做好事也像雷锋一样不求名，不求利。被朱伯儒照顾的刘永生曾流着眼泪问他：人家是巴结有权有势的人，你却巴结我，我一个孤寡老汉，有啥值得你高攀的？朱伯儒回答说："老人家，你说共产党不'高攀'群众，'高攀'谁呢？"

朱伯儒在给妻子刘义文的一封信中写了首打油诗，讽刺那些个人主义、名利第一的人：出风头，站前头；吃苦头，站后头；见领导，忙点头；见群众，昂着头。朱伯儒说："我们不应该学这一套，更不能做这样的人。"朱伯儒也正是这么做的。1970年，曾是飞行员的朱伯儒停飞后，调到豫西山区工地。面对即将与爱人和一岁多的儿子分离，朱伯儒毫不犹豫地接受了组织的安排。他爱人对他说：别的飞行员停飞，是就地安排工作，我们刚调到一块，为啥偏把你调到外地工地去？朱伯儒给她讲：艰苦的地方需要人，总得有人去。别人去，困难也不少。我是共产党员，要多想着别人，照顾大局。朱伯儒在深山沟里一干就是5年。此后，他又被调到工地当民工队长，这对一个已经有21年军龄的老兵来说，无疑又是一个考验，因为谁也说不上来民工队长究竟算是什么职务。一位同志悄悄对他说："唉，你也太老实了。你当了这么多年'临时工'，也该'转'了。你怎么不搞几条鱼提上，找找熟人，问题不就解决了。"朱伯儒回答说："我这个人就是这个脾气，叫我在哪里干就在哪里干，为自己找门路的事我不干。"后来朱伯儒又调到一个仓库当管理员。刘义文曾回忆："有人风言风语地说：'刘义文的老头提不起来是犯了错误，让他当管理员了。'我急得差点哭出来，怒冲冲地问他：'你真的犯了错误？'老朱嘿嘿一笑：'我清白得很，不信请查我的档案！'我说：'没犯错误为什么当了管理员？'老朱平静地说：'无论担任什么职务，都是革命工作的需要，能把管理员当好就不错。至于人家说什么，咱们管不着，但是自己可不能计较名利地位哟！'"

朱伯儒就是这样一个把自己融入广大人民群众之中的人，就是一个听党的话，对工作极端负责的人。在朱伯儒精神的感召下，一批批"雷锋"、"朱伯儒"成长起来了。仅朱伯儒所在的广空部队，就先后涌现了"雷锋式的志愿兵"徐宏福、全国"新长征突击手"吴朝安、"中国十大女杰"岳喜翠、"中国十大检察官"高建一、"抗洪英雄"高建成、"全国优秀科技工作者”林茂光、“中国十大杰出青年”王少华、中央军委授予荣誉称号的“科技练兵先锋飞行大队”、“勇于牺牲奉献的好战士”黄勇等20多个在全国、全军有影响的英模人物和单位。

1999年朱伯儒从领导岗位上退下来后，仍然坚持学雷锋，艰苦朴素，乐于助人。他还担任“全国青年思想研究会”副会长和“雷锋思想研究会”会长等社会工作。“现在也闲不住，听到群众的不平事就生气、着急！”刘义文略有抱怨，其实是担心他的身体吃不消。

朱伯儒曾说：“我和雷锋差不多是同龄人，我和我那个年代成长的人一样，都非常佩服雷锋，都以他为榜样，不论在工作上、生活上，都向雷锋同志看齐，并努力地实践雷锋精神。时代在不断地向前发展，改革开放给我们国家注入了生机和活力。但我想，不管社会如何发展，如何进步，雷锋精神是不能丢的，因为雷锋精神是我们社会进步的动力，是永恒的时代精神。”他用他的一言一行践行了雷锋精神。

在部队里，他是学雷锋的模范；在探亲路上，他是播撒雷锋精神的耕耘者。无论他走到哪里，就把好事做到哪里，就把雷锋精神带到哪里。从他的手里，更多的人接过雷锋精神的火炬，他就是“新时代的活雷锋”张子祥。

雷锋，这个响亮的名字，并没有随着岁月的逝去而暗淡昔日的光芒，如同东方的启明星，它迎来的是新时代精神辉煌的今天与明天。当一个人影响了一群人，一个人影响了一代人乃至几代人，你会惊奇地发现，精神才是一种最宝贵的财富，才是一种最伟大的力量。

张子祥，1960年生，江苏省沭阳县人。1979年，还是小伙子的张子祥入伍到沈阳军区某部炮兵团指挥连服役，这个话语不多、朴实憨厚的战士，像雷锋一样，立足本职岗位，踏踏实实、认认真真做好每项工作和每件事；像雷锋一样，默默做着扶危帮困和助人为乐的事，十几年如一日。正如诗人张忠军写的那样：人们还没称他为雷锋的时候，他早已是雷锋了。

丹东市李庆发大爷一家永远不会忘记那个春寒料峭的二月，一位年轻的解放军战士从两公里外的驻地来到他们家。看着这个一贫如洗的家，看着躺在床上的李大爷两个瘫痪的儿子和肺病缠身的李大娘，解放军战士哽咽地对大爷说："从今往后，您就把我当儿子。家里有什么事，尽管找我好了！"

雷锋在日记中曾写过"一个人做一件好事并不难，难的是一辈子只做好事不做坏事"。因为恻隐之心，做一件好事容易；但是将一句承诺坚持了7年，把一件好事做了7年，这就是"雷锋"的精神。

7年里，张子祥把李大爷家当做了自己的家，清理垃圾，拆洗被褥，劳动生产，照顾瘫痪的兄弟，样样都不落下；7年里，他究竟付出了多少辛劳，谁也说不清楚；7年里，这个昔日破烂不堪的家，变成了明亮的瓦房，房前屋后是开着芬芳花朵的果树；7年里，李大爷家记住了这个叫张子祥的解放军战士，丹东人民记住了这个叫张子祥的学雷锋模范。

雷锋说过人民"都是我的亲人"，张子祥从踏入李家破草房的那一天起，就把李家人看做了自己的亲人。李大爷的两个瘫痪儿子长年卧病在床，张子祥没来以前连他们盖的被褥都是破破烂烂，黑得发亮，更别说个人卫生了。细心的张子祥看在眼里，记在了心头。一个星期天，他借来一辆手推车，要推两个兄弟去团里洗澡。两个兄弟当场就呆住了，20多年了，这是他们第一次去澡堂呢。坐着手推车，瘫痪的兄弟二人心里别提多开心了，看着他们脸上的笑容，推车的张子祥擦了一把头上的汗，心里也是甜滋滋的。两公里坎坷不平的路，是汗水伴着欢乐一路走完的。到了团里，满头大汗的张子祥顾不上喘口气，又一个个将瘫痪的兄弟背到澡堂。池水蒸腾，多年的油腻化作难闻的气味扑鼻而来，张子祥却好像什么也没闻到，乐呵呵地帮助两兄弟搓背。望着他满脸的汗水，两兄弟再也忍不住了，抱住他的肩膀，放声大哭，这真情的泪水是对雷锋精神最好的回报。

1984年4月，李家的大儿子去世，可李大爷这时又摔断了腿，正在一家人心急如焚的时候，是张子祥和连队的战友赶来了。10多天的忙碌，张子祥忙里忙外，可谁也不知道，他的兜里揣着两封电报，一封是“母亲病重”，一封是“母亲病故”。为了人民的困难，张子祥忍着悲痛，把思念母亲的泪水，咽到了肚子里。当李大娘得知实情后，哭着对张子祥说：“孩子，俺家对不起你妈，等俺死了，到阴曹地府也要找到你妈，告诉她是俺家连累了你没回去看她啊！”这位老大娘用她最淳朴的语言表达着自己的感激与歉意，闻者无不为之落泪，这感动的泪水，就是对雷锋精神最好的颂扬。

从部队驻地，到苏北老家；从旅途的列车，到城市的宾馆，张子样走到哪里，就把好事做到哪里，就把雷锋精神带到哪里。不仅仅是帮助李庆发大爷一家，工作中，张子祥待战友像亲兄弟，以兄长之情循循善诱，先后使15名后进战士有了不同程度的进步。有一次，一个平时后进的战士因为帮助盗窃分子传递消息，被值勤站岗的张子祥发现，结果受到了处分。这个战士从此把张子祥视作“仇人”，不仅找茬骂了张子祥一顿，还发誓要报复他。可是两个月后，这个战士在工作中损坏了电台设备，连长让张子祥负责鉴定，如果是故意损坏，就要处分这个战士。这个战士当时吓坏了，觉得这下落到张子祥手里肯定没有好果子吃，周围的战友也觉得张子祥这次应该好好收拾一下这个落后分子。谁知道张子祥不仅秉公鉴定，请连长当众宣布了鉴定结果，还给这个战士减轻思想压力。张子祥光明磊落的风范，深深感动了这位战士，后来他不仅虚心向张子祥请教无线电技术，还在思想上主动追求积极进步。

在部队里，张子祥是学雷锋的模范；探亲回家，张子祥是播撒文明种子的耕耘者。1985年，张子祥和两名战士到列车上开展精神文明共建活动，列车乘客留言簿上记下了他们所做的100多件助人为乐的好事。在探家途中，面对歹徒欺侮一个维持秩序的老工人，张子祥挺身而出；在老家，他用一片真诚，调解了一场争水风波。他家乡淮阴军分区的政委林积松说他是“六次返乡里，洒下一片情”。张子祥将雷锋精神融入了血液与灵魂。

但是，做了这么多好事的张子祥仍然是个志愿兵，家里欠了一大笔债，夫妻长期两地分居，自己也面临着超龄复员的问题。他和很多普通人一样，面临着生活中的种种困难与考验。他并不是没有机会改变自己的生活，然而，他的选择是像雷锋一样，在平凡的人生中默默奉献。

雷锋在日记中写道：“我听有些人说：当兵不合算，挣不到钱，不如在家种二亩自留地，既有花的，又有吃的……我认为这种人对个人利益和集体利益的关系认识不足……如果没有集体的利益，哪还有什么个人的利益呢？”当别人劝说张子祥脱掉军装回家致富时，张子祥想到的不是清贫的家庭，而是部队的需要。当有机会报考军校的时候，为了工作，他把机会让给了其他的战士，自己一个人担负起三个人的工作，保障了全团无线电器材的良好战备状态。他有一门过硬的无线电修理手艺，他免费教会了100多名战士和驻地青年，使很多人走上了富裕的道路。

当驻地的地方领导被他的事迹所感动，主动提出解决他爱人的户口问题和工作问题，也得到了部队领导特批时，张子祥却找到团领导说：“感谢组织对我的关心。但我知道，按规定志愿兵的家属是不能随军的。再说，我学雷锋，为人民服务，从来也没有想到要捞点什么呀。”这就是雷锋精神的无私与忘我，这就是一个战士对雷锋精神最好的诠释。雷锋从来就不是惊天动地的英雄，他和你我一样都是普通人，做一些平凡小事，但正因为他的不计名利与不求回报，才成就了雷锋精神中最感动人心的力量。

榜样的力量是无穷的，就像星星之火，必会燃成燎原之势；就像涓涓细流，终将汇成汪洋大海。1986 年初夏的一天，一列从丹东开往沈阳的列车上，一个盲人说他丢了钱包，没钱补票。张子祥二话没说，不仅掏钱为他补了票，还为他找座送水，嘘寒问暖。就在张子祥要送这位盲人下车时，盲人哭了，他告诉张子祥说了假话，他其实没丢钱，他是去沈阳上访的。张子祥的行为感动了他，他觉得不说实话对不起自己的良心。车上的旅客纷纷指责这位盲人，张子祥惊诧过后，反而希望大家能理解这位说了谎话的盲人，不要歧视他。这件事给张子祥的触动很大，这使他仿佛感到暖阳照进了心里，他深切地感受到人世间终究还是美好的东西富有生命力。张子祥在学雷锋做好事的过程中并不是没有受到过误解。有一次张子祥因为食物中毒住进医院。同病房有一个叫张力江的刚考上大学的小伙子。看见这个小伙子病重又无人照顾，张子祥就拖着病体尽力帮助、照顾他。但是这个小伙子由于家庭在十年动乱中的遭遇，对人生的态度非常冷漠。出院前，他对张子祥说他爸爸是地方上的领导，以后有事可以找他帮忙。张子祥诚恳地告诉他："这几天我帮助了你，是因为你病情重，需要照顾。如果为别人做了点好事就想兑换点什么好处，那样就把关系搞庸俗了。"这番话给了张力江强烈的震撼。后来，张子祥不仅成了张力江的知心朋友，还成了他做人的楷模。

张子祥就像一个火炬手，将雷锋精神的火种播撒在足迹遍布的每一片土地上，将雷锋精神的温暖送到每一个需要帮助的人身边；从他的手里，更多的人接过雷锋精神的火炬，把雷锋精神传遍神州每一个城镇和乡村，每一片田野和森林，每一条溪流和江河，把雷锋精神传给一代又一代的中国人。

1990年，张子祥被辽宁省委、省政府授予“社会公德标兵”，被沈阳军区授予“学雷锋金质奖章”，被总政治部授予“学雷锋先进个人”，1991年被中央军委授予“学雷锋模范”并荣获一级英模奖章。张子祥的事迹从辽东腹地传遍了大江南北、长城内外，在无数中国人的心中掀起了久久不息的波澜。张子祥到中国人民大学作事迹报告时，800人的大礼堂，挤了1200多人；不到两个小时的报告，全场竟鼓掌35次。党和人民给予了这位忠诚的儿子最高的荣誉和奖励，这既是对张子祥的肯定，也是对雷锋精神的高度弘扬。张子祥学雷锋的事迹在社会上传开后，英国广播公司记者麦杰思，泰晤士报记者孙凯琳（女），法新社记者麦法诚和摄影记者凯瑟琳（女），提出一定要见见中国军队这位活雷锋。在回答外国记者提问时，张子祥对“雷锋精神”和“学雷锋”作出了最朴实无华的解释：“我认为，雷锋精神体现了人类文明的精华，也是人类思想的精华。做人要像雷锋那样，像他那样助人为乐，对别人无限地爱，自己活着使别人更幸福，他的精神是值得学习的。”“雷锋工作在平凡的岗位上，他的助人为乐深深植根于人民心中，我感到他更实在，更适合我们学习。”

这种孕育于平凡中的不平凡更具有感召的力量。在丹东市大张旗鼓展开的“学雷锋、学子祥”活动中，从子祥精神中凝练出来的“奉献、忧患、拼搏、创新”八字精神深深植于“子祥团”官兵的心中。张子祥曾经战斗过的部队涌现出了江中救人的英雄黄冬平和王宇庭、“见义勇为的好战士”于天伦、车轮底下救儿童的好士官刘国会等模范人物。子祥团还累计捐款5万余元、衣物近万件、被褥300多套、主副食5000余公斤，帮助驻地附近的贫困农民家庭。丹东人民也在“学子祥”的活动中现出雷锋式的好干部季凤龙、市道德模范郑仁东等无数先进模范人物，一时间，学习雷锋、学习子祥在整个社会蔚然成风。

英雄是什么样子的？是脚踏雷火不后退，是面对死神不低头？是惊天地，是泣鬼神？雷锋，这个共和国历史上最赫赫有名的战士，告诉我们，英雄也可以只是普通人，英雄也可以只做平凡事，英雄成长于对信仰的执著与坚守，这才是雷锋精神的实质。而“秦川牛”李润虎正是用自己的一言一行践行和发扬着雷锋精神，铸就了新时代雷锋的光辉形象。

李润虎，一个对今天年轻人来说可能比较陌生的名字，但是在很多中年人的记忆里，这个名字有一个光荣称号——“学雷锋模范”。1990年，当默默无闻地为军队和人民奉献了18年的老兵李润虎以“当代新雷锋”的风姿站在了历史舞台上时，全军为他的事迹感叹，举国被他的事迹震撼。李润虎做过的好事如浩瀚夜空中的繁星，难以数计，他先后5次荣立三等功，21次被师以上单位评为“优秀修理工”、“模范党员”和“优秀志愿兵”、“学雷锋标兵”，是首届“中国十大杰出青年”；1991年，中央军委授予他“学雷锋模范”荣誉称号，在他的身上铭刻了一个时代楷模的光辉形象。

说起李润虎的事迹，感人的故事千千万万，但是解放军报社的同志们不会忘记的是1989年10月那封寄自黄土高坡某红军师军械修理所的联名信。信中几近愤愤不平地质问道：“我们的李润虎，简直就是条‘秦川牛’，为什么就不能宣传？！”这个让63名官兵联名为他打抱不平的李润虎究竟是个什么样的人？他做了什么，让这么多人觉得他应该被宣传？他为什么被战友们亲切地称呼为“秦川牛”？

所有见过李润虎的人，都觉得他是个朴实憨厚的西北汉子，待人真诚，说像头老牛，倒还真有几分相似，除此之外并没有什么特殊。

但是如果你和他打过交道，你和他朝夕相处，你会惊奇地发现，他就像春风，总能给人带来温暖；他就像春雨，总在滋润你我的心田。“老李帮人动真情，一点也不做作，能让人暖到心窝里去”，这是李润虎的战友们共同的感受。

在战士苏学才的眼里，李润虎的心中总是装着别人的难处。1989 年春天，苏学才刚入伍，一天他接到父亲的家信，说是家里需要 1000 元钱买种子。1000 元，在当时可不是一笔小数目，叫一个新战士张口管谁借呀？小苏愁得是吃不下，睡不稳。李润虎找到了他，交给他 500 元钱。小苏知道这是李润虎存着盖房子的钱，他家的房子破烂不堪，年年打算修，可一拖 8 年还是没修起，他的女儿都只好住到了别人家。小苏要是收下这笔钱，李家的房子更是不知道什么时候才能修了。小苏坚决不收李润虎的钱，可是李润虎说：“你的难处就是我的难处，反正我的房子今年盖不成，这钱你先寄回去救急。”

1982 年秋，战士王天西收到家信，说父亲得了败血症要钱买药，可他却一点积蓄也没有。李润虎将仅有的 50 元钱寄去了王家，并在附言栏里写道：“父亲，请您保重。”事后，有的战友觉得王天西自己不知道积蓄，李润虎自己家也很困难，不该接济他。面对不理解，李润虎解释说：“哪位父亲对儿子开口要钱，都是迫不得已的。父亲收到我们的钱，不光感到我们在孝顺他，还会觉得心里踏实，觉得娃在连队好着咧，娃懂事会顾家咧；如果收不到，老人就会对自己向儿子要钱的举动感到内疚，还替儿子的处境担忧，是不是？”这一番动情的话，不仅感动得王天西热泪盈眶，战友们也觉得心里热乎乎的，大家纷纷对王天西解囊相助。

雷锋在日记中写道：“人民的困难，就是我的困难，帮助人民克服困难，贡献自己的一点力量，是我应尽的责任。我是主人，是广大劳苦大众当中的一员，我能帮助人民克服一点困难，是最幸福的。”李润虎是这么想的，也是这么做的。

“李润虎曾从枯井里救出一个奄奄一息的儿童；李润虎曾从砖窑里救出两个遇难社员；李润虎曾从塌方的水道中救出两个民工；李润虎参与救人于水火的事12次，捡回人命6条。”在他的事迹材料中，有这样一些数字，“他利用自己的技术专长，先后为部队驻地群众修理拖拉机、自行车、架子车、炉灶具、桌椅等7600件。”

“多献出一点爱”是李润虎时刻铭记在心的座右铭。1989年3月8日，李润虎去秦岭火车站领装备。在车站看到一个农民模样的人守着一具尸体。经过询问，他得知这位名叫陈四化的农民在和妻弟走亲戚的途中，妻弟在火车上被人推倒在地，来不及抢救，横死在了秦岭站，而他身上只有几角钱，又人生地不熟。除了哭，实在没有别的办法。李润虎立即跑到派出所报了案，给陈四化买了饭，又替他买了回家的火车票和路上吃的东西，让他赶快回家报信。而自己则留在这个人烟稀少的小站替他看护妻弟的尸体。秦岭三月的夜晚，寒风直刺入骨髓。李润虎忍受着饥饿和寒冷，裹着大衣守在尸体的旁边。他把尸体安置在有积雪的地方，又怕被野狗咬了，还找来了篷布和席子。这一守就是整整三天四夜。当12日早上，陈四化领着家人赶回秦岭后，李润虎才放心地离去，他悄悄地走了，没有留下地址，没有留下姓名。当悲痛过后的陈家人想要感谢这位好心的解放军战士时，他们能想到的只有“雷锋”这个伟大的名字。

雷锋做好事从不留名，他说：“我这样做，能使人民群众更加热爱党，热爱毛主席，热爱解放军，这就是我感到最幸福的。”

1987年7月，李润虎带着借来的几百元钱送心脏病突然加重的父亲去西安某医院救治。父亲住院的第二天，天还没亮，李润虎在急救室外遇到了几个急得直跺脚的人，一问才知道他们送一个服毒后昏迷不醒的妇女来抢救，医院要收500元押金，可他们只带了100元。李润虎二话没说，掏出了兜里仅有的400元。谁知道天刚亮，他接到了父亲转院的通知，病中的父亲大小便失禁，要换下内衣才能走。可是囊空如洗的李润虎根本就没有钱再去商店为父亲买内衣，孝顺的儿子脱下自己的内衣给老父亲换上，自己就穿着空荡荡的单军衣，为父亲奔走张罗。至今，他也不知道那个妇女的姓名，家住哪里；而那个妇女及其家人也不知道李润虎的单位和地址。

李润虎的家庭并不富裕，家里的年历画上，记的都是欠人的账，仅1984年那张年历画上，就写了14行欠账的数字。但是他却常说："钱从一个共产党员、一个革命军人手里花出去，它就不是冰冷的，要给钱加点温！"1984年5月，李润虎的女儿病危住院，他在守候昏迷中的女儿时，遇到一个左臂被电磨轮子绞断的男孩，孩子生命垂危，可差200元的押金，好说歹说也进不了手术室。此时，李润虎口袋里只剩下200元钱，那是明天一早就要用来给女儿输血的。李润虎没有迟疑，掏出这200元就交给男孩的父母，又帮助他们跑前跑后直到孩子上了手术台。可女儿却因为没有现钱输血，血液中毒，皮肤越来越黑，妻子抱着女儿直掉泪。内疚的父亲对昏迷中的女儿说："孩子，爸对不起你，先救了你一个哥，爸这就去借钱给你输血。"后来获救的男孩的父母经多方打听，找到了李润虎家，执意要孩子拜李润虎为义父，李润虎却说："我是军人咧，使不得！"

春风化雨总关情，洒向人间都是爱，这不正是"雷锋精神"的生动写照吗？

什么是雷锋精神？可能有人会说是"做好事不留名"，如果你这样理解雷锋精神，那么难免流于表面。雷锋精神的内涵是丰富的，并不仅仅是助人为乐。雷锋在日记中曾写过这样一段话："我处处要以龙均爵为榜样，永远学习他不畏艰难困苦、敢于斗争的精神；学习他关心爱护同志的高贵品质；学习他大公无私、舍已为人的精神；学习他刻苦学习钻研技术的毅力；学习他爱护国家财产和爱护自己生命的精神；学习他处处把国家的利益和人民的利益放在个人利益之上的思想。坚决学习他，并贯彻于实际行动中，一定要在保卫祖国和建设祖国的事业中，贡献自己的力量。”这也可以看做是雷锋精神的丰富体现。

雷锋在汽车兵的岗位上，努力工作，刻苦钻研，朴实无华的生命在兢兢业业中闪光。李润虎学雷锋，不仅是学习雷锋“对待同志要像春天般的温暖”，还学习他“对待工作要像夏天一样的火热”，学习他“愿永远做一颗螺丝钉”。

八百里秦川，是华夏民族的滥觞之地，也是中华民族的脊梁所在。入伍18年，李润虎不计个人名利得失，负重耕耘，只求奉献不图回报，战友们都满怀深情地称赞他为“秦川牛”，他的身上折射出的正是我们这个民族的骄傲与灵魂。

李润虎在家搞过拖拉机修理，入伍后被分配搞军械修理。为了胜任本职工作，他借来《钳工》、《刨工》、《铣工》、《磨工》、《材料》、《制图》、《枪械火炮的理论与维修》等一大摞专业书籍，一本接一本地啃，写出80000多字的学习笔记。实践操作中，他勤学好问，多干多练，技术水平不断提高，先后五次参加军、师组织的专业技术比赛，三次夺得金牌，两次分获第二名、第三名。1980—1984年，他还多次承担师里交给的革新项目，和大家一起研究制成了“光学无弹校枪仪”、“手榴弹抛射器”、“自动报靶仪”、“自动缠簧机”等，其中，两项获军区科技奖，两项得到上级的肯定推广。

李润虎干工作，从不考虑工作能为他带来什么，他心里装的总是我能怎么最好地完成工作。李润虎当炊事员和炊事班长，在全师伙食比武中获8项第一；当班长，班里荣立集体三等功；当代理排长，三个班5次立三等功。可是面对3次提干都化为泡影，自己也年近不惑，很多人都为他惋惜，为他打抱不平，可李润虎却泰然处之，不为所动，把这一切都看作是对一个党员、一个军人、一颗“螺丝钉”的考验，依旧勤勤恳恳、踏踏实实地忙于本职工作。

雷锋也是人，不是不食人间烟火的神仙；李润虎也是人，也有普通人的烦恼。长期和妻子的两地分居，使他们都十分珍惜每一次的相聚，不是他们愿意过这种牛郎织女的生活，谁不希望整天和爱人厮守在一起呢，谁不希望和家人共享天伦之乐呢？可没办法，家里太忙了，妻子就是家里的顶梁柱，离开她，家就要塌了。复员，李润虎不是没想过，每次想到家中带病操劳的妻子，李润虎的心就隐隐作痛，有3次他都下过复员的决心。老家的县民政局、供电局和人武部抢着要这个人才，并答应给他妻子也安排工作，对这个贫寒的家庭来说，这无疑是个天大的好消息。可是在部队需要与个人利益，李润虎权衡来权衡去，每次都以一个奉献者的标准，愉快地服从了组织安排。后来，师里想解决一下李润虎的家庭困难，决定让他妻子随军。可李润虎坚决不同意，“哪有志愿兵家属随军的！不能为了我，坏了部队规矩。困难总会克服的。”

李润虎学了一辈子雷锋，他曾深有感触地这样评价雷锋精神：“雷锋精神体现了中华民族的传统美德和共产主义的道德情操，体现了爱祖国、爱人民、爱劳动、爱科学、爱社会主义的优秀品质，它是一种永不过时的时代精神。在发展经济、全面建设小康社会、加强社会道德建设、培养民族精神的新要求新形势下，雷锋同志全心全意为人民服务，干一行、爱一行、钻一行、乐于助人的高贵品质和优良作风是永远值得我们继承和发扬的宝贵精神财富。”

退休后，许多单位想高薪聘请他，都被李润虎拒绝了。他说，军队有他能做的事情，他宁舍高薪也要为部队做力所能及的事。李润虎感慨地说：“我一个农家子弟，在军队多年培养下成才，只是做了自己能做的事，就得到那么高的荣誉，不管以前还是现在，我觉得，我唯有认真踏实地工作才能回报国家！”

心怀感恩，无私奉献，这不正是雷锋精神的真实践行吗！

他和雷锋一样，都在鞍钢工作过，都当过汽车兵，都曾被人称为“傻子”……他捐的钱送去了温暖，他捐的血流淌着大爱，他在平凡的坚持中，把雷锋精神带到了我们每一个人的心田，他的名字叫郭明义。

“如果你是一滴水，你是否滋润了一寸土地？如果你是一线阳光，你是否照亮了一分黑暗？如果你是一颗粮食，你是否哺育了有用的生命？如果你是一颗最小的螺丝钉，你是否永远守在你生活的岗位上？”这是鞍钢齐大山铁矿公路管理员郭明义最喜欢的《雷锋日记》中的一段话。

他是这么想的，也是这么做的，他虽只是一滴水，一线阳光，一颗粮食，却把帮助他人当做天经地义之事，只要他人有困难，就尽自己所能去帮助。

郭明义，1958年12月生，辽宁鞍山人，被人誉为是“雷锋传人”、“当代雷锋”。说起雷锋和郭明义之间的缘分，还真是很深。雷锋入伍前是鞍钢矿工，郭明义是鞍钢职工子弟，复员后也成为一名鞍山矿工。郭明义的老父亲当年就是学雷锋见义勇为的模范，郭明义上小学会唱的第一首歌就是《学习雷锋好榜样》，他最爱读的书就是《雷锋日记》。雷锋是汽车兵，郭明义当的也是汽车兵；雷锋做好事不留名，郭明义也不留名；雷锋把省吃俭用的钱捐给别人，郭明义不但捐钱，还捐血、捐遗体；有人说雷锋是“傻子”，也有人管郭明义叫“郭大傻”；雷锋刻苦钻研本职技术，郭明义工作技能样样过硬……如果你要细数郭明义和雷锋相像的地方，那真是掰着指头也数不清。更为人们津津乐道的是，1977年1月，在鞍山火车站，把郭明义送上运兵专列的是时任鞍山军分区副政委的余新元，而1960年的1月，也是在鞍山火车站，时任辽阳市兵役局政委兼征兵办主任的余新元亲自将雷锋送上了军列。余新元自己也没想到，历史竟然在他的面前上演了这么一出惊人的巧合，他居然会时隔17年先后送出两个感动中国的人物。

踏着雷锋曾经走过的道路，来到培养雷锋成长的绿色军营，郭明义像雷锋当年一样，作为新兵代表发了言，像雷锋一样宣誓在部队做个好兵。这铮铮誓言，见证了郭明义一生的追求。郭明义总是说，部队是个大熔炉，进去是铁，出来是钢；只要不怕苦，总能炼成钢。

郭明义所在的部队曾经培养出全国闻名的学习雷锋模范——“人民的好儿子”刘英俊烈士。在这样的部队，郭明义把向雷锋学习落到了自己的一言一行、一举一动。

郭明义所在的部队，位于祖国北疆，冬季气候非常寒冷，而连队日常用水要到200米外的山坡去挑。这是个苦差事，天不亮就得起床，冒着零下二三十度的严寒，往返于满是冰雪的山路上。脚下一打滑，水溅到身上，立刻就结成冰碴子。而郭明义却主动担当起这一工作。有的战友觉得郭明义又不是党员，没必要这么积极。郭明义回答说：“入党是为多干点工作，干工作可不是为了入党。”当兵5年，挑水、劈柴、生炉子这样的小事，郭明义不知做过多少。

1979年，郭明义所在连队收到来自云南的一封感谢信，感谢解放军战士郭明义对云南地震灾区人民的热情捐助。指导员很奇怪，郭明义什么时候捐的钱，还是100元这么大一笔数目？100元钱，在今天的年轻人看来，可能就是吃一顿饭，买几本书，可在当时能够让一家三口吃上一年饱饭。指导员抱着核实的心理找到了郭明义，这才知道，郭明义听说云南发生地震，就利用星期天跑了10多公里的路程，到县城邮局，把自己入伍两年来攒下的所有津贴寄给了云南地震灾区。

郭明义是个热心人，这是他曾经的战友共同的感受。有一次执行任务时，战友的车出了故障，就在冰天雪地里“趴窝”了，这可急坏了开车的战士。郭明义看见了，主动停下自己的车去帮忙，“你累了半天了，去车里歇口气，暖和暖和，修车的事让我来。”他脱掉大衣，就钻到了车底下的冰雪地上。这一修就是40多分钟，车修好了，满脸满身都是冰碴子的郭明义，已经被冻得站不起来了，被冻伤的耳朵，现在还时常红肿疼痛。

郭明义学习雷锋，学习雷锋愿做革命的螺丝钉，学习雷锋在学习工作中的“钉子”精神。

郭明义因为表现突出被抽到了汽训队，本以为等待他的是神气闪亮的大卡车，谁知却是炊事班的锅碗瓢盆，这巨大的落差，足以让任何一个士兵郁闷难解。更没想到的是，在炊事班，郭明义又被派去养猪。有人说，“没当上驾驶员，倒成了饲养员，还不如回老连队干。”可郭明义却欣然接受了组织的安排，为了养好猪，他虚心向群众请教，细心把饲养工作做到家。就连驻地的老乡都认可地说：“这个当兵的，养猪养得这么用心，真是很少见！”

郭明义养猪养得好，得益于他用心，肯钻研。他学习也有着雷锋的“钉子”精神。在炊事班工作期间，郭明义白天好好工作，晚上抓紧时间学习驾驶知识。有一次指导员查铺，居然发现他打着手电筒，在被窝里看驾驶书籍。有时候，熄了灯，他就默想着书上的内容，在自己的肚皮上画汽车结构图。凭着这么一股钻劲，在全师新训驾驶员比武中，他一举夺得理论和实际操作两项第一。郭明义说：“只要用心钻、铆劲干，什么事情都能做好！”就这样，当兵5年，郭明义完成了上级交给他的每一项工作，入伍第二年就被评为师学雷锋标兵，先后5次获得嘉奖，被师里评为“优秀团员”。

在部队这个大熔炉里，郭明义用雷锋精神把自己煅铸成了一块“好钢”。5 年的军旅生涯，郭明义在雷锋曾经战斗过的地方留下了一串闪光的足迹。1982 年他带着 7 次嘉奖、“学雷锋标兵”、“优秀共青团员”、“红旗车驾驶员”等荣誉，依依不舍地离开了军营。他一直记得退伍时连长对他说：“你是党员，又是学雷锋标兵，到地方后可要给部队争光啊。”28 年过去了，在 2010 年 8 月，当郭明义再次见到连长时，他流着泪，欣慰地说，“连长，我没给咱部队丢脸呐！”

郭明义退伍了，但是他学雷锋的步伐却从未停止。5 年的士兵经历，给了他很多东西，不仅仅是知识和技术，也不仅是荣誉与回忆，而是一种精神上的磨砺与升华。复员到地方，郭明义不仅续写着学雷锋的故事，还谱写出了更辉煌的新篇章。

说起到地方工作的郭明义，他有很多头衔：鞍钢先进生产者、精神文明建设标兵、优秀共产党员、鞍钢劳动模范，鞍山市道德模范、特等劳动模范，辽宁省道德模范提名奖、希望工程突出贡献奖、辽宁省五一劳动奖章获得者，全国无偿献血奉献奖金奖获得者、全国红十字志愿者之星、中央企业优秀共产党员、全国五一劳动奖章获得者……然而，更多人知道他，不是因为这些熠熠闪光的荣誉，而是 54 本献血证、140 多张汇款单、16 年的“裸捐”。有网友在看完郭明义的事迹后，写道：“早就听说过学习‘郭明义’，原本以为他是大富大贵的有钱人，才会捐助那么多的贫困学生（累计为“希望工程”捐款 10 余万元，先后资助 180 多名特困生）。后来读了文章才发现，原来他也不过是个普通的百姓。但是他的这种高尚的精神是非常值得我们学习的。他还坚持献血，我想这样的人的血液中也一定存在着‘大爱’的基因，那么流向其他受帮助的人，也一定会有更多的人身体里流着爱的血液。那么也一定会有更多的人像郭明义一样，对社会和国家奉献自己的爱心。”

“感动中国”2010年度获奖人物组委会授予郭明义的颁奖词是：“他总看别人还需要什么，他总问自己还能多做些什么。他舍出的每一枚硬币、每一滴血，都滚烫火热。他越平凡，越发不凡；越简单，越彰显简单的伟大！”

这正是对郭明义最真实的写照，也正是人民对他最高的赞誉。

生活中的郭明义和“伟大”这个词距离很远，一身发白的工作服，生锈的眼镜，满脸的微笑，你会想到一个清贫的奉献者，一个乐观的工作者，但是你无法感受到“崇高与伟大”之类的形容词。然而，下面一组数据，会让你瞬间肃然起敬，油然感动：

从1996年开始担任采场公路管理员以来，他每天都提前2个小时上班，15年中累计献工15000多小时，相当于多干了5年的工作量。

1990年以来，他坚持20年无偿献血，累计献血6万毫升，相当于自身总血量的10倍。如果按平均800毫升血液能挽救一个生命来算，可挽救75名危重患者的生命。

1994年以来，他为希望工程、身边工友和灾区群众捐款12万元，先后资助了180多名特困生。

2006年以来，他8次发起捐献造血干细胞的倡议，有1700多名矿业职工参与。

2007年以来，他7次发起无偿献血的倡议，共有600多名矿业职工参与，累计献血15万毫升。

2008年以来，他发起的希望工程捐资助学活动，已有2800多名矿业职工参与，资助特困生1000多名，捐款近40万元。

2009年以来，他发起成立的遗体（器官）捐献志愿者俱乐部，已有200多名矿业职工和社会人士参与，是目前国内参与人数最多的遗体（器官）捐献志愿者俱乐部。

当上面这组数据见之于媒体时，有人不相信，觉得这是在“造神”，根据献血的有关规定，郭明义 20 年最多只能献 16000 毫升，怎么可能是 6 万多毫升呢？“吹吧”、“假”之类的字眼不时能在各大论坛的留言中看到。郭明义对于这样的怀疑，只是淡然一笑，泰然处之。从他走上义务献血的这条路开始，这样类似的议论，他听多了。有人说他傻，有人说他作秀，还有更不客气的，则直接当面问他：“是不是献血上瘾了，停下来会很难受。”不认识他的人这么说，认识他的人也这么说，为此，别人还给他起了个外号叫“郭大傻”。

“我很久之后才知道他献血的事。”这是妻子孙秀英的话。刚开始，郭明义每年献一次，后来每年两次。说起献血的相关知识，郭明义像个专家，他介绍说无偿献血分为两种：一种是捐献全血，即我们熟知的鲜血。每个人每年最多只能献两次，每次最多献 400 毫升。第二种是捐献血小板，每次可抽取 800 毫升或 1600 毫升的血液，提取一个或两个单位的血小板后再输回体内，可每月捐献一次，每次均按无偿献血量计算。“我在电视上看到一档科技节目，说血小板对血液病患者有显著疗效，特别是重症患者。”2005 年开始，郭明义是全血、血小板同时献，于是就积累了这个让人难以置信的 6 万毫升！

献血可以救人，这一点郭明义有着深切的体会。2009 年春节前一天，郭明义一直在矿山上抢修路段，突然接到了鞍山市中心血站的电话，问他能不能提前捐献血小板。敏感的郭明义意识到“一定有重症病人，否则血站是不会打破约定时间的”。从来都走路上班的郭明义破例打的赶到血站。果然一名患有严重溶血症的临产孕妇，正在等待血小板，如果不及时输血，母子都有生命危险。本来一次只能采一个单位血小板，可郭明义不放心，他坚持要工作人员采两个单位的血小板，他说“还有孩子呢”。“对挽救他人生命有那么大的好处，自己又没有什么损失，为什么不坚持。”面对非议与质疑，郭明义非常坦然，他只是做了自己觉得对的事情。慢慢地，说他“傻”的人越来越少，和他一起去献血的人越来越多。2007 年 3 月 2 日的午后，鞍山市中心血站的工作人员目睹了非常难忘的一幕：郭明义说组织人来献血，血站的工作人员按 50 人准备的，可没想到一下子来了 100 多人，献血的队伍排成了长龙。一个自发组织的无偿献血活动能来那么多人，他们以前想都没想过。郭明义的工友马文昌说：“我们的爱心，都是被郭明义激发出来的。”

郭明义不但爱捐血，还喜欢捐钱。工作 28 年，他捐款达 10 多万，资助了 180 多名特困生。矿上的人都记得郭明义喜欢把新衣服换给别人，经常是早上一套新衣服出门，晚上回家就是一套旧的，妻子问衣服哪去了，原来都被他换给了需要帮助的人。郭明义不仅喜欢把衣服送人，还送自行车，一辆接着一辆往外送，送到最后，他自己都不好意思了，对妻子说：别再给他买自行车了，他走路去上班。他送房子，他有过三次分房机会，都被他一次次送给了别人，他的眼里总有比他困难的人，可是他自己一家三口至今仍蜗居在一间 20 世纪 80 年代建的不到 40 平方米的小房子里。他送钱，不但送工资，献血的营养费，单位的补助，各级部门的奖金，只要兜里有钱，他都能给捐出去，甚至还有过借钱捐钱的事情。后来，单位都不敢给他发现金了，发购物卡，可还是被郭明义卖了换成钱，捐给了那些需要帮助的人。很多人不理解他，觉得他有病，觉得他应该在帮助别人的同时，考虑一下自己的家庭情况。郭明义不是没想过自己的家人，可是他想到的是自己的生活虽然没有多少钱，可比那些贫困学生、那些困难的家庭强多了。“我一个月给他们捐一两百，虽然钱不多，却能让他们活得不一样。这样算下来，我日子过得虽然紧点，可心里面舒坦！”郭明义说，“看到别人苦我心里也苦，看到别人乐我也觉得乐。吃喝玩乐都是过眼云烟。人活着，得干点有用的事儿。帮助别人改变命运，比啥都幸福！”

这个坚持了16年裸捐的人，活得比谁都富有，都快乐！

郭明义如今不仅捐血、捐造血干细胞，捐钱、捐物，他甚至连自己都捐了出去。他的女儿郭瑞雪在报告会上讲到的一件事，让很多人的眼泪夺眶而出：“今年暑假，我在家里不经意地翻到了两本捐献遗体（器官）志愿者证书。打开一看，上面写着爸爸妈妈的名字。我有点慌了，就问爸爸：‘你们都捐了？’爸爸一边看着书，一边说：‘是，都捐了。’我说：‘就这么简单？’爸爸头也没抬，说：‘是，本来就是挺简单的事。’我说：‘将来，我可到哪儿去看你们呀？’他放下书，拍拍我的肩膀说：‘傻孩子，就是不捐，你不也看不到了嘛。’我说：‘那你们也得留点什么吧？’爸爸说：‘记在心里比什么都重要。我和你妈妈不是还有照片吗？有空看看不就行了。这真不是什么大事。你看，你姑姑和姑父，也和我们一样，都签了字。’我一时哽咽，心里更不是滋味了。老爸老妈呀，你们怎么也得考虑一下女儿的感受呀。你们把自己的身后，都交给了社会。可我在茫茫大千世界中，到何处去寻找你们的影子啊！从那时起，我更加懂得了，什么是奉献。”

这世上还能有比这更彻底的奉献吗？郭明义的无私，感动了许许多多善良的中国人。他在微博上拥有近600万粉丝，已经有5000多人加入了郭明义爱心团队，100多名困难群众得到网友的帮助。郭明义在微博上发起“国际献血者日”无偿献血倡议，经网友转发有2600万人浏览，当天全国3000多名志愿者共计献血60多万毫升。

雷锋的战友乔安山说：雷锋，“一直做好事，平凡的小事做多了，也就成了大事”。郭明义用16年的坚持再一次说明，无论多小的事，坚持下来就能变成很伟大的事。很多善行的开始，只是一念之间，如同燃烧的微弱烛光，但是当无数细小的光亮汇聚在一起，黑暗就消失了。

我们之所以会景仰于雷锋、郭明义，就在于他们将我们举手可做的小事，坚持做了一辈子；我们之所以因感动而行动，说明每个人的心中都始终蕴藏着向善的种子，始终有着对道德的敬畏和践行。我们所要追寻的雷锋精神，也正是这种力所能及地助人、点滴之间的奉献、持之以恒的坚守。

“80后”，一个语意丰富的词汇，一个颇有争议的群体。

然而，一个“80后”的男孩却用他感恩的心，用他绵薄的力量，用他实际的行动，诠释了雷锋精神在现时代的含义，同时也承载了人们对“80后”的殷殷期望。这个“80后”的男孩，名字叫徐本禹。

“80后”，一个后现代的时尚标签，提起这一代年轻人，你会联想到什么？是迷恋网络、张扬个性，还是没有信仰、现实自私？但基本很难想到“活雷锋”——这个曾经是对青年人最高赞誉的词汇。

然而，一位网友在博客中写下了这样一段话：“雷锋这个家喻户晓的名字，从我离开校园的那一刻起，已离我越来越远了，这个曾让我年轻的血液沸腾过的名字，随着岁月的流逝，连感动也很少在心中残留了。当家庭、事业、爱情占满了全部生活空间的时候，我们曾忘记了我为人人，人人为我，集体利益高于一切，为人民服务的雷锋精神的精髓，而是生活在以自我利益为中心的狭隘中，愤世嫉俗，怨声载道。直到有一天，无意间在天涯社区看到一篇名叫《两所山村小学和一个支教者》的帖子时，心灵受到了强烈的震撼，当我流着眼泪花了3个多小时看完后，泯灭的社会责任感在那一刻又复苏了。”

这个唤起人们心中对雷锋精神信仰的支教者叫徐本禹，标准的“80后”，去黔西北大山深处支教那一年才22岁，刚刚大学毕业。徐本禹出生于山东聊城郑家镇一个贫困的农村家庭，他至今还能记起小时候家里没有钱买菜，是邻居伸出援手，借了两块钱给他家买的菜。然而就是这样一个贫穷的家庭，母亲还经常拿出家里的东西帮助那些更贫困的家庭。母亲的行为使幼小的徐本禹明白一个道理：就是当别人需要帮助的时候，伸出自己的手，或许你所提供的帮助对自己来说是微不足道的，但是对于那些需要帮助的人来说，就如同身上衣和口中食，不可或缺!

1999 年，徐本禹考上了华中农业大学，刚军训完的那个学期，武汉的天气特别冷，而他只穿着那件薄薄的军装。“我的同窗室友胡源的父母来看望儿子时，我正好在宿舍。阿姨看到我穿得少，就把胡源的两件衣服送给了我，并对我说：‘天气冷了，别冻着。在生活方面有什么困难和叔叔阿姨讲。’”徐本禹听了非常感动，“就是这件事情改变了我一生的看法。”徐本禹自己的生活并不宽裕，他是靠拿特困生补助、奖学金以及勤工俭学完成四年本科学业的。可是，他却又是一个非常“大方”的人：勤工俭学每月 50 元的报酬，他把 43 元捐给山东一个面临辍学的小学生；学校发的 300 元特困补助，200 元捐给了“保护母亲河”活动；只要一拿到学校的奖学金，他就会把钱给其他在贫困中渴望读书的山区孩子，连学校每个月 20 多元的补助，他也留下零头，另外的 20 元都捐了出去。大学 4 年，他用自己勤工俭学挣来的微薄津贴和拼命学习得到的奖学金，资助了五个比自己更困难的孩子。

2001 年 3 月，因为向绿色希望工程捐款，徐本禹成为了许戈辉主持的节目《幸运地球村》的嘉宾。许戈辉了解到徐本禹的家庭情况后在一个信封里塞了 500 元钱给他，徐本禹不要，许戈辉却说：就当是姐姐送给你的吧。徐本禹在感激许戈辉姐姐的同时，把这笔钱中的 200 元捐给了一位家境贫寒的同班同学，100 元寄给了另一位家庭困难的高中同学，100 元寄给了湖北沙市的孤儿许星星。去贵州支教前，徐本禹从自己获得的 6000 元国家奖学金中取出了 2400 元，特意拜托系党支部的老师，按月寄给许星星当做生活费。

很多时候，贫穷的人有着另外一种财富。“好多人这一辈子收获不了几滴珍贵的眼泪，我这一段时间收获了很多眼泪，让我非常感动，我说我愿意做一滴水，我知道我很微小，但是当爱的阳光照射我身上的时候，我愿意毫不保留地反射给别人。”这是徐本禹决定去支教时，在日记里写下的话。

徐本禹支教的地方在贵州大山深处，不通公路、不通电话，晚上只能点油灯照明，寄一封信也要跑上 18 公里崎岖的山路才能找到邮局。学校年久失修，透光透风，刮风下雨只能靠塑料布和硬纸板遮雨。“我问了一下全班 40 名学生中有多少人听说过雷锋的名字，结果只有 4 个人知道；有一个同学听说过孔繁森，我问他孔繁森是什么样的人，他说孔繁森就是毛泽东！我笑过后，心中有一种钻心的痛。”正是这种痛，使徐本禹克服了生活的穷困和艰苦，克服了恶劣的物质环境，坚持留在了这个小学，留在课堂上，给学生们讲雷锋、孔繁森，讲北京，讲一个孩子们从没见过的精彩世界。

支教的生活注定是艰苦的：每天的主食都是一成不变的玉米渣和酸菜汤，由于离镇上太远，土豆几乎成了徐本禹唯一的蔬菜。“我借住在一间 10 平米的房子里，房子背阳，很阴暗，卫生条件也很差，苍蝇到处飞，在吃饭的时候经常发现有苍蝇在里面。睡觉的时候也会有跳蚤在身上爬。”和他同来的 7 个志愿者一个个相继离开了这里，只剩下了徐本禹孤身一人面对无言青山。

有一次在互联网上接受采访时，有人问徐本禹他是“活雷锋”吗？徐本禹说：“活雷锋”可能会让现在的年轻人觉得是一种唱高调，他更愿意称呼自己是志愿者。做志愿者不仅是为了别人，更主要也是为自己。你做志愿服务的时候，你从中也得到了快乐，得到了自身价值的体现。但是志愿者和雷锋的精神本质上是相通的，都是一种奉献精神。只是随着时代的发展，做志愿者慢慢成为了一种时尚。很多人乐意去做志愿者，通过各种各样的方式去参与志愿服务。这种更为朴实的表述，这个更为平易近人的称呼，一下子，把“雷锋”与我们拉得很近很近……

徐本禹从来没有觉得过自己伟大、崇高，2004年4月，他回到母校华中农大作报告的第一句话是：“我很孤独，很寂寞，内心十分痛苦，有几次在深夜醒来，泪水打湿了枕头，我快坚持不住了……”本来以为会听到豪言壮语的学生们惊呆了，沉默了，落泪了……他说，“在没有电话和信的日子里，我非常孤独，只能靠收音机获取外界信息。我一遍一遍翻看以前的照片和信件，与照片上的家人、同学和朋友说几句话，只有这时我的心里才会舒坦些。”他说，他两年没回家过年了，很惦记生病的母亲。他说过年了，别的志愿者都走了，自己真的有些凄凉。他没有把自己的行为神圣化，他依然只是个普通的年轻人，世界青年足球锦标赛的时候，村里没有电视，他就到镇上上网看文字直播。支教的第一年寒假，他提前一周回到了武汉，“当时真的觉得武汉像天堂一样……”寒假前的20天徐本禹很快乐，可后一半则很忧郁，因为他将要再回到那个地方去了。“我也是有七情六欲的”，但为了他的那些孩子，他最终选择了回去。当记者尖锐地问：既然这里很需要你，你为何不在这儿支教一辈子，而是两年？徐本禹坦然地回答：我这么年轻，我要有自己的生活，我还要挣钱养家。这朴实的话语更让人感觉到他的真诚和无私。

然而，正是因为他的平凡，我们更觉得他的伟大。“感动中国”对徐本禹的颁奖词中说得好：“从繁华的城市，他走进大山深处，用一个刚刚毕业的大学生稚嫩的肩膀，扛住了倾颓的教室，扛住了贫穷和孤独，扛起了本来不属于他的责任。也许一个人的力量还是不能让孩子的眼睛铺满阳光，爱，被期待着。徐本禹点亮了火把，刺痛了我们的眼睛。”对此，有网友感慨地说：“徐本禹点亮了火把，刺痛了我们的眼睛，也照亮了我们的心，驱散了我们心中的阴暗和自私，让我们能在市场经济大潮的冲击下还保持着一颗柔软的心。这就是雷锋精神的一种体现，这就是我们中华民族的希望。”

2004 年，华中农业大学派出考察的两名老师带着激动的心情回到了武汉，一位老师把徐本禹支教的故事和在他支教的学校拍的照片，以《两所乡村小学和一个支教者》为题发到了网上。让所有人意外的是：几个小时以后，存放照片的服务器就因为访问量过大而发生堵塞。这篇帖子，就像投入湖水中一块石头，一石激起千层浪。热心的网友在感动之余，又将这篇帖子整理后发到了国内外各大论坛。从发帖的 7 月 11 日到 7 月 20 日短短 9 天，这篇帖子在各个网站被点击总数就超过了百万！徐本禹曾说过收获眼泪是一种幸福，“如果眼泪是一种财富，那么徐本禹就是一个富有的人，在过去的一年里，他让我们泪流满面。”很多人都是一边流着热泪，一边读帖子的。一个网友在跟帖中写道：“我们都是普通人，同徐本禹一样，我们并不能靠一个人的力量改变一切，但是，当我们对这些孩子的眼神还能够有所触动的时候，我知道自己的心还没有死，血还没有冷……”很多网友在留言中说，自己每天都要看一次这篇帖子，感受这种单纯和健康的爱，让自己的灵魂经历一次洗礼，让这爱唤醒自己内心深处蛰伏许久的人性的光辉……此后，从内地到港澳台，从亚洲到欧洲，从北美到澳洲，要求捐款捐物的电子邮件雪片似地飞来，有 13 个国家的热心人士通过网络了解到徐本禹的支教事迹，并要求资助该小学的贫困学生，成千上万的网友在邮件中表达了一个共同的意愿：因为徐本禹的故事而感动，因为感动而行动。

雷锋说：“一朵鲜花打扮不出美丽的春天。”徐本禹说：“有一天把徐本禹变成徐本禹们才是我最大的希望。”在支教的过程中，一次募捐活动对徐本禹触动很大，他发现一个人的力量是有限的，“我感觉孤独无助。后来我的想法就发生了转变，想通过做一些事情唤起全社会对西部地区贫困儿童的关注，而不是像现在一样无助。”为此，他牵头创立了“红杜鹃”爱心社，希望有更多的人走进爱心的行列。在这场爱心与奉献的传递中，曾经发生过一个特别感人的故事。故事的主角，一方是河南的贫困女大学生李华芬，一方是徐本禹和他任教的贵州大水乡大石村的贫困小学生。故事的起因是，女大学生因徐本禹的故事而感动，她想为这些远隔千山万水的孩子们做点什么，可是她自己也家境贫寒，实在没有多余的钱来做好事。于是，善良的姑娘利用课余在校园里“捡垃圾”，将换来的钱一点点积攒起来，寄给那些需要学费的孩子们。

然而，快乐的旋律因女大学生白血病袭来戛然而止。高昂的化疗费很快使一个清贫的家庭捉襟见肘，姑娘面临着生死的考验。消息从中州平原传到了千里之外的大山深处，大石小学教室前面排了一条百余米长的捐助队伍，毛毛细雨中，全体师生纷纷主动捐出自己仅有的一点点积蓄。1角、2角、5角、1元……脏兮兮，甚至有些折损的破旧硬币、纸币就这样从一个个衣衫褴褛的小手里放进了捐款箱，这些钱可能是很多孩子仅有的一点钱，徐本禹捐出了自己的半个月工资200元。后来他又在网上义卖了自己的数码相机和手机，将2.5万元所得全捐了出来。孩子们说：“李华芬姐姐为了让我们上学病倒了，我们要把省下的钱捐给李华芬姐姐，让她早日恢复健康。”那一天，大石小学的203名师生一共筹集了915.3元人民币和50元港币作为医疗费，钱虽不多，可谁都能掂得出这沉甸甸的分量!

捡破烂的大学生、一天只吃得起两顿饭的小学生，按照今天这个社会的说法，他们都是穷人，都是弱势群体，都是需要帮助的人。可是在这样一个爱心传递的故事中，你能说他们不富有吗？你能说他们不强大吗？

这个故事在网上披露后，感动了许许多多善良的人们，越来越多的人加入了这股爱心的洪流。中国互联网协会将这个善良、纯真的女孩列为“2005 互联网公益日”捐助对象，在互联网公益日 2005 年 5 月 18 日这一天，在网上发起为她募捐的倡议。这只是源于徐本禹而为我们带来感动的众多故事中的一个。单丝不成线，独木不成林，雷锋不是一个人，雷锋应该是一群人、一代人，是我们身边所有的人，我们的社会才能更加和谐美好。

徐本禹的可贵还在于他不仅是给孩子们讲述雷锋的故事，不仅是在以自己的行动诠释着“雷锋精神”，而且他以一个当代大学生的理性反思着“雷锋精神”。2004 年他当选为年度“感动中国”人物，一时间，鲜花、掌声、荣誉扑面而来。一个 24 岁的年轻人会因此而迷失自我吗？在他的博客中，我们看到了他摘录的这样一段文字：“雷锋精神闪耀的是人性的光辉，是发自内心的善与爱，无须物质刺激和外在‘动力’。当然，不是谁都天生有这样的自觉。……对学雷锋者予以褒扬表彰，体现了一种社会导向。但这个‘度’一旦过了，则容易透出功利的味道，与雷锋精神背道而驰。”他在回答网友提问时说：“应该说一个地方志愿者的到来，会使当地的社会风气向好的方向变化，但这也不能一概而论，最主要的还是看当地的人如何看待志愿者，如何给志愿者定位。如果他们把志愿者的到来看作对他们的一种‘施舍’的话，那么情况就会向坏的方向变化。”

“雷锋精神”就是一种奉献精神，但如何将这种奉献的价值最大化，徐本禹至今还记得大水乡沈义勇书记和他的一次谈话。沈书记说：“支教只是解决一部分人的问题，但是不能从根本上解决问题。农村孩子读不起书的原因就是经济不发展。”他希望徐本禹能利用他自身的资源为大水乡的发展带来机遇。

这番长谈，使徐本禹对如何发挥志愿者作用也有了重新的思考与认识。“我的想法就开始‘升华’了，从单纯的支教行为变为带动地方经济发展。”这时的徐本禹想着的不再只是教好学生，而是如何才能在支教的同时，利用自己所学的知识为当地经济的发展做一点事情，在更大程度上发挥志愿者的作用和价值。而这对于我们如何在新时期更好地践行“雷锋精神”有着深刻的启示。

可以想象，在徐本禹的感召下，在以徐本禹为代表的新时代青年中，能够涌现出更多的“徐本禹们”，将“雷锋精神”的种子播撒在我们同行的阳光路上！

对雷锋精神的传承，不仅仅是一个个鲜活的人，还有那些一个个先进的团体，从“雷锋团”到“雷锋车”，他们以雷锋为榜样，用雷锋来命名。当时间的车轮跨入新世纪，一个开放的、包容的、和谐的中国社会正在形成，在这一过程中，一个群体，用爱心、自愿、奉献，实践和诠释了新时期雷锋精神，他们就是“志愿者”。如果说雷锋是20世纪60年代的志愿者，那么志愿者就是21世纪的新“雷锋”。

2010年10月31日，当举世瞩目的上海世博会圆满落下帷幕之时，中共中央政治局委员、上海市委书记俞正声，在一个仪式上动情地说：“我已经是65岁的老人了，我的儿子已经40岁了，我的孙子已经3岁了……讲心里话，我真想拥抱你。你们在园区的精神，感动着我！谢谢大家！”

俞正声书记想拥抱的是谁呢？是8万名“小白菜”、10万余名“小蓝莓”，他们是世博会上的志愿者。

中国志愿服务行动发端的标志性事件是1993年12月19日，当时2万余名铁路青年率先打出了“青年志愿者”的旗帜，自发在京广铁路沿线开展了为旅客送温暖志愿服务。而中国志愿者行动大规模兴起，并产生重要的社会影响则是在2008年。这一年，北京成功举办了奥林匹克运动会。在赛场上，中国军团的拼搏作风给人们留下了深刻的印象；而赛场外志愿者们的积极行动，则更让人们看到雷锋精神的传承。作为奥运会的基石，志愿者是一届成功奥运会必不可少的组成部分，是奥运会真正的形象大使。据不完全统计，北京奥运会、残奥会期间，共有10万赛会志愿者、40万城市志愿者和100万社会志愿者参与其中。“做一名奥运志愿者，是我长期以来的一个梦想。希望通过我这样一位老人的志愿服务，让全社会对志愿服务更加关注，让更多的人参与到服务奥运的行列中来。”40年始终不渝地实践和弘扬雷锋精神、被誉为“京城活雷锋”的孙茂芳如是说。然而，最让中国人难忘的则是在这一年汶川地震中志愿者们的出色表现，汶川大地震则将他们永远地镌刻在了中华历史的丰碑之上。

2008年5月12日14时28分4秒，四川汶川、北川，8级强震猝然袭来，大地颤抖，山河移位，满目疮痍，生离死别……在灾难面前，党员干部冲到了第一线，解放军冲到了第一线，医护人员冲到了第一线，还有一股功不可没的鲜活力量也选择奔赴灾区参加救援服务，他们，就是一个个平凡而伟大的志愿者。据不完全统计，灾区至少活跃着20万人的志愿者队伍，他们从事维持秩序、分发食物、防疫消毒、引导媒体、心理辅导、收集垃圾等工作。西班牙《世界报》对此评论说：正是这些志愿者、战士和救援人员不屈不挠的精神把这个已经无数次遭受过外来入侵和各种灾难的国家一次又一次地从废墟中拯救过来。雷达先生用饱含感情的笔写道：“志愿者队伍，是一支前所未有的救灾劲旅，它的出现和参战，应当说是史无前例的。……它的出现具有开创性的意义，令人振奋，表明抗震救灾不再仅仅是国家行为，也是社会成员自觉自愿的个人行为。……志愿者是一群普普通通的人，没有豪言壮语，没有炫目的光环，没有个人动机，在做了大量工作，离开灾区后，他们中很多人谢绝采访，甚至不愿意披露自己的姓名。然而他们却在最危险最需要的时候，挺身而出，奔赴灾区，默默无闻地为灾区群众，为国家和民族做出了无私的奉献，把爱心传递到水深火热的受灾同胞的心坎上。”

在这些志愿者中，有这样13位农民兄弟，他们曾在2008年年初华南地区的雪灾中，自愿从唐山租车到灾区救灾。当得知四川汶川发生特大地震后，他们几经辗转来到灾情最重的北川县城，成为最早进入北川的志愿者之一。他们用最原始的方法——铁锤砸、钢杆撬、徒手刨，不断寻找幸存者。只要哪里需要，他们就到哪里。“不是归途，是千里奔波，雪中送炭；不是邻里，是素不相识，出手相助。他们用淳朴、善良和倔强的行动，告诉了我们‘兄弟’的含义。” 2008感动中国人物评选中对他们作出了这样的评价。“咱做不了专业性的活，能为灾区重建出把子力气，我敢说人这一辈子中，这个春节就过得比哪年都有意义……”曾参与其中的宋志永用淳朴的语言说出了自愿救灾的初衷。这13位农民兄弟的行动深深地感动了每一个中国人，人们亲切地称他们为“唐山十三义士”，他们还被河北省、唐山市精神文明建设委员会办公室授予“爱心使者”、“学雷锋标兵”荣誉称号。面对这些荣誉，宋志永说：唐山是感恩的城市，30年前的那场唐山大地震，把全国人民支援唐山的“雷锋”精神印在唐山百姓心里，“我代表13位农民兄弟宣誓：一定时时刻刻以雷锋为榜样，把‘帮一点’精神发扬光大，用自己的实际行动为爱心城市添彩。”

正是志愿者们在2008年向国人、向世界展示出的优秀品质，使得此后更多的人参与到志愿者活动中。

2010年5月1日至10月31日，第41届世界博览会在中国上海市举行，此次世博会也是由中国举办的首届世界博览会。也许人们对世博园中各个展馆都有自己的不同感受，但若问哪一处最引人注目，大家会不约而同地赞同下面的看法：“最为引人注目的是，8 万多名身穿青衣白裤的园区志愿者，人们亲切地称之为‘小白菜’，还有近 200 万名城市志愿者活跃在街头巷尾，他们的灿烂笑容和热情服务成为解读中国的真正名片。”这是温家宝在上海世博会高峰论坛开幕式的演讲中对世博会中的志愿者的高度评价。

的确，在整个世博会期间，有大量的志愿者参与其中，曾有人专门做过统计，认为上海世博会已有 13 项纪录入选世界纪录协会世界之最，其中一条就是“志愿者人数最多。园区共 79965 名，其中国内其他省区市 1266 名，境外 204 名。共分 13 批次向游客提供了 129 万班次 1000 万小时约 4.6 亿人次的服务。”在世博会上，主要有三种志愿者：园区志愿者、城市志愿服务站点志愿者和城市文明志愿者。园区志愿者都穿着绿白色相间的志愿者服装，远看活脱脱一棵棵新鲜的白菜，他们以青春活泼、任劳任怨的形象，获得了“小白菜”的昵称；而城市志愿服务站点志愿者的服装蓝白搭配，被叫做“小蓝莓”。因为蓝莓可明目，所以“小蓝莓”寓意站点志愿者在服务过程中擦亮眼睛，发现周围需要帮助的人，也发现身边的善与美，像眼睛是心灵的窗户一样，让站点成为城市形象的窗口。

这些“小白菜”、“小蓝莓”为什么要来当志愿者呢？作为一“棵”普通又不平凡的“小白菜”、东华大学英语系大三的顾伊给出了这样的答案：“上海世博会是一场盛会，作为一个中国人，一个土生土长的上海人，能够亲身参与其中是非常光荣的。希望能为世博会做点贡献，能帮助更多的人。”在世博园担任志愿者时，由于高强度工作，顾伊的腿经常抽筋，可为了不影响服务世博，她总是用几张药膏来驱走病痛，她乐观地说：“我能撑住，为大家服务都不觉得疼了。”为大家服务都不觉得疼，多么熟悉的语言，“说来也怪，参加点劳动，我的肚子反而不痛了，所以我开玩笑说：参加义务劳动能治病”，这是当年雷锋在带病做完好事后的感受。一个是20世纪五六十年代的战士，一个是21世纪的大学生，但他们在助人为乐中所获得的快乐却是相通的。

志愿者们自愿、无偿地从事各种公益事业，他们的身影不但出现在重大场合上，出现在危机中，他们还遍布城市、乡村的每一个需要的角落，活跃在我们的身边，他们用的行动是新时期雷锋精神的重要传承。对此，有媒体评论说：“从20世纪60年代初开始掀起的学雷锋活动，影响深远，雷锋精神鼓舞了一代又一代的中国人。志愿者活动是对全民学雷锋活动的一种继承和发展，志愿者所倡导的奉献、友爱、互助、进步正是雷锋精神的重要组成部分。学雷锋活动的本质是发扬奉献精神，做好事，做分外的好事，志愿者行动的本质也是如此，两者都具有公益性。志愿者行动和学雷锋活动在本质上是相通的。而相比于学雷锋活动带有的政治色彩，志愿者活动强调的是参与者的自愿、自觉和奉献，更具有吸引力。

雷锋的生命虽然逝去了，但雷锋精神却如一面旗帜指引着后人的前行。在一批批雷锋式的英模和群体身上，我们看到了雷锋那种对党、对国家、对社会主义和对人民的热爱，正是这种坚定的信仰和崇高的境界才使他们无怨无悔地投入到社会主义建设中，投入到为他人、为社会的无私奉献中；从他们身上，我们看到雷锋那种干一行爱一行、专一行精一行的敬业精神，正是这种爱岗敬业、精益求精才使他们在平凡的岗位上做出了不平凡的事迹；从他们身上，我们看到了雷锋那种刻苦学习、自强不息的创新精神，正是这种“钉子精神”的现代传承，才使他们的思想境界不断提升，才使他们服务人民的本领不断增强；从他们身上，我们看到了雷锋艰苦奋斗、勤俭节约的精神，正是这种精神，使他们对自身物质的追求有限，从而对社会和群众的爱心与帮助无限。

雷锋树起了一座精神丰碑，在他身后则是一个个“雷锋”，一群群“雷锋”，一代代“雷锋”，他们共同建设和守候了我们的和谐家园。

第五章 时代雷锋

“一个民族如果没有优秀的精神品格，不可能屹立于世界先进民族之林。”雷锋精神是一种文化现象，更是一个精神高峰。半个世纪以来的沧桑巨变，雷锋精神非但没有因为岁月的流逝而变得黯淡，反而发射出熠熠光辉。不同的历史阶段，人们对雷锋精神的认识虽不尽相同，但正是在历史的沉淀中、在社会的前行中、在世界文化的交融中，我们看到了雷锋精神所具有的先进性、民族性和世界性。雷锋精神的深层底蕴使得其具有了永恒价值，雷锋这个光辉的名字和他崇高的精神品格，在历史发展中始终焕发着光彩。

“千里之行，始于足下”，在中国梦实现的过程中，继承和发扬光大雷锋精神，创新和完善学习形式，对于促进全社会思想道德建设、形成良好社会风尚具有重要意义。

“事实上，人们质疑雷锋，是因为‘没有雷锋的日子’已太久太久了”

任何一种精神，往往是一个时代的产物，它的产生与发展、弘扬和继承，无不与时代的经济、政治、文化和社会发展水平相适应、相契合。回望雷锋精神产生的那个年代，与当今中国社会有太多的变化、太多的不同，无论是经济的发展、政治的前行，还是文化的繁荣、社会的活跃，这都给雷锋精神的传承带来了新的机遇，也带来了新的挑战。

这种挑战并不是学者书斋中的猜想，社会生活的五光十色，人们认识的千状百态，使得社会上人们对于继续弘扬雷锋精神产生了种种疑惑。

疑惑之一：雷锋是真实的吗？

曾经某报纸登载过一个消息，称发现了雷锋生前用过的料子裤和进口英纳格手表。针对这个新闻，社会上有的人就产生了质疑，认为雷锋每月仅有 6 块钱的津贴，而根据以往的宣传来看，雷锋的生活十分俭朴，从来不随便花一分钱。组织上每月发给他的津贴，他留下一角钱交团费，两角钱买肥皂，再用些钱买书，扩充他的小图书馆，其余的钱，全部存入银行。而当看到群众有困难时，雷锋总是把自己的积蓄用来捐助。那么这块价值不菲的英纳格手表究竟是怎么买来的呢？言下之意，是说雷锋要么不是一个勤俭节约的模范，要么不是一个无私助人的英雄。总之，宣传出来的“雷锋”是一个不真实的雷锋。既然如此，那么我们现在还有必要学习这样一个不真实的“雷锋”吗？

疑惑之二：雷锋过时了吗？

“雷锋已经过时了，在现在市场经济条件下，当雷锋就是当‘傻子’！”有人曾这样评价学雷锋。他们认为，雷锋是在 20 世纪 60 年代出现的，那个时候是计划经济时代，是集体利益高于一切的年代。而现在，我们是市场经济时代，是鼓励人们追求物质和精神生活富足的时代。在市场经济条件下，一切讲效益，一切讲等价交换，那种只埋头做好事，不图回报的付出是不可取的，是与市场经济相违背的。我们提倡了多年的学雷锋，究竟是雷锋精神的错，还是市场经济的错？

疑惑之三：雷锋有“户口”吗？

“雷锋同志没户口，三月来、四月走”，这是流传在民间的一句顺口溜，有人更形象地将学雷锋概括为“打雷刮风”。这一说法所反映的现实是：我们提倡学习雷锋，但现在学习雷锋往往是集中在每年3月5日的雷锋纪念日。这一天，相关部门也会组织人员走上街头、深入社区，为老百姓提供各种便民服务，群众也会在这天得到众多“雷锋”同志的帮助。但这一天一过，就基本上难见“雷锋”的踪影了。特别是我们在学习雷锋过程中或多或少存在着形式化的做法，使得一些人认为，在3月5日这一天学习雷锋，反倒会带来不必要的麻烦。有媒体就曾报道：在雷锋纪念日，大家一窝蜂地挤到养老院去看望孤寡老人，争先恐后地打扫卫生。广州有一家不大的养老院在3月初就接到不同团体的“预约电话”，要求在雷锋纪念日这天到养老院“学雷锋做好事”。在3月5日这个养老院竟迎来了8拨“雷锋”，“由于养老院‘档期’太紧，其中一拨几乎被拒绝的‘雷锋’在养老院待了10多分钟就匆匆离开。”这种“学雷锋”，大都浮于表面，并没有与老人们真心交谈，反而给老人们的正常生活带来不便。甚至为了满足学雷锋的需求，还故意将院落弄得脏一点，以“方便”学雷锋的人们留下打扫卫生的照片。有人就曾将这种注重形式、忽视内容的学雷锋概括为以下几种表现形式：一是脱离本职学雷锋。雷锋精神的诞生首先是立足本职工作，而当下不少人和单位总是把学雷锋仅仅理解为“助人为乐”做好事，因此，常常是学生不学习，职工不工作，然后有意识地到大街上去“学”雷锋。二是身不由已学雷锋。有些单位将学雷锋作为一项任务布置下去，要求大家在某一时间，都必须“学雷锋”，忽视了雷锋那种发自内心的、主动做好事的精神。三是利益驱使学雷锋。有的单位拿出大量的财力、物力去刺激人们学雷锋。学完雷锋后，就到餐馆里吃喝一顿，或是像出差一样给学雷锋的职工发放补贴。四是为了报道学雷锋。有的人、有的单位为了树立学雷锋的形象，就千方百计地摸清媒体报道的规律，在组织学习雷锋的活动前，通知媒体的摄影记者、录音记者、文字记者等，然后，打着旗子，挂着标语，学雷锋。记者一走，“雷锋”也就不见了踪影。

……

雷锋及雷锋精神在当今中国所面临的种种质疑和挑战，我们无法回避，也不能回避。人们在反思，雷锋精神究竟有没有过时？当今社会是否还需要雷锋？雷锋精神尴尬境地的原因究竟是什么？

“事实上，人们质疑雷锋，是因为‘没有雷锋的日子’已太久太久了，以至于人们开始怀疑当初有没有雷锋这个人，即便有雷锋这个人，其事迹是否有文艺作品宣传得那么真实、那么‘好’。也就是说，当今社会再无雷锋式的先进典型人物出现，让人们产生了雷锋精神饥渴症，进而产生了世上本无雷锋的幻觉。实际上，当今社会雷锋式的先进典型人物层出不穷，只是大都未能吸引媒体的眼球和作家的笔触，而被时间封尘。”有人对雷锋精神面对的尴尬现实作出了这样的思考。这一段发人深思的论述很值得我们去思考，其实在对雷锋精神的诸多质疑声中，有的是缺乏理性的思考而得出的错误结论，有的是我们在学习雷锋过程中的确存在有待改进的地方。但质疑的背后，往往体现出当前社会对崇高意识的呼唤，对雷锋精神的渴求。

“雷锋精神不管是在过去、现在还是将来，将永远是每个中国人最可宝贵的精神财富。雷锋精神真的离我们远去了吗？答案就存在于你我每个人的实际行动之中！”

雷锋离开我们逾半个世纪后的今天，社会主义市场经济的深入发展和改革开放的不断深入，大大增强了人们的自立意识、竞争意识、效率意识、民主法制意识和开拓创新精神，推动了我国经济发展和社会进步，这也直接导致了人们思想活动的独立性、选择性、多样性、差异性明显增强。

但尤须引起我们注意的是，在这个大变革、大发展、大调整的时代，社会生活多样、多元、多变的特征日益凸显，各种思想文化观念相互交织、相互影响，市场经济活动中一些消极因素极易诱发拜金主义、享乐主义、极端个人主义和消极腐败现象。当这些消极的、甚至是错误的思想意识反映到现实社会生活中时，其所造成的负面影响将深深地刺痛社会中每一个有良知的中国人，也促进了人们的反思，在这一过程中，我们每每能够看见雷锋的影子，每每能够听见对雷锋的呼唤。

镜头一：“小悦悦事件”后人们对雷锋的呼唤

2011 年 10 月 13 日下午，年仅两岁的女童小悦悦被撞倒卷到车底，几分钟后又被一小货车碾过。让人难以理解的是，7 分钟内从女童身边经过的 18 个路人，竟然对此不闻不问，直到一位拾荒者陈贤妹看到并救起小悦悦，但最终没能把小悦悦从死神边抢回来。

“小悦悦事件”发生后，迅速引起了社会各个层面的关注和讨论，人们不断地追问：究竟是什么原因使得那 18 个路人如此冷漠？我们在发展社会主义市场经济的同时，我们的道德建设究竟出现了什么问题？深圳市政协委员、深圳市侨联法律顾问委员会主任刘平凡在接受记者采访时指出：“小悦悦事件”已经冲破了人类所能拥有的道德和社会底线，该事件充分暴露出当前道德体系构建中存在的问题，暴露出人们过分追求个人的利益，导致人与人之间关系的不信任和冷淡。通过“小悦悦事件”每一个人需要用“良知的尖刀”来解剖丑陋。有媒体对此还进行了深入的剖析，认为“小悦悦事件”敲响了雷锋精神远去的警钟：“‘小悦悦事件’虽然发生在广东佛山，却代表了雷锋精神在这个时代的现状。虽然自 1963 年 3 月 5 日以来，3 月 5 日便成了全国的‘学习雷锋日’，至今已有半个世纪，但随着时代的变迁，随着社会经济的发展，随着人们生活水平的不断提高，一些人的口袋鼓了起来，心却瘪了进去，他们富了，精神却穷了。就像有人所说的，现在自己穷得只剩下钱了。所以新时代更需要雷锋，更需要雷锋精神。”

在剖析“小悦悦事件”产生的原因基础上，无论是普通民众，还是学界精英都为我们今后的努力方向给出了多方面的回答，他们的共通之处都是呼唤着“雷锋”的回归。

一名网友曾这样写道：“现在的社会人情为何如此冷漠？前面经过的 18 个人难道连一点点爱心都没有吗？曾经让亿万中国人都引以为傲的助人为乐的雷锋精神到哪里去了？助人为乐就这么难吗？难道雷锋精神真的已离我们远去了？……我们这个时代需要的不是冷漠，而是永远闪耀着金子光芒一样的雷锋精神！需要千千万万像郭明义一样的新时代雷锋式人物！真希望类似这样的事今后能够永远不再发生！雷锋精神过时了吗？不！永远不会！全社会现在都应该大力提倡雷锋精神！唯有如此，类似的悲剧才有可能完全避免重演。……如果你希望社会变得更加美好，那么就请你随时伸出你的援手给那些正需要帮助的人，哪怕是一点点微不足道的帮助！雷锋精神不管是在过去、现在还是将来，将永远是每个中国人最可宝贵的精神财富。雷锋精神真的离我们远去了吗？答案就存在于你我每个人的实际行动之中！”

一家媒体曾这样评论：“雷锋的意义，不仅在中国，也在全世界。

在这个‘环球同此凉热’的全球化时代，不管是中国的‘小悦悦事件’，还是英国版的‘小悦悦事件’，都让我们想念那个叫雷锋的中国人和他的精神——那个为了别人利益奋不顾身的人，那个为了国家集体公而忘私的人，那个为了理想信念跋涉不已的人——雷锋身上的人格魅力，已经越过意识形态的辩论，化作了每个人心中的一种感动，每一个时代、每一个地方，人们都需要它。”

实际上，在“小悦悦事件”中我们依然能够看到人性的光芒，依然能够看到“雷锋”并没有离我们远去。在这一事件中，陈贤妹的主动救人使她被人们亲切称之为“最美婆婆”，而陈贤妹在接受采访时也曾说：“我不知道那 18 个人的心里是怎么想的，但是我看到了我肯定就要救，我其实只是做了一件很平常的事，救人是一件很平常的事，我一看到这样的事情肯定就会去做，当时我只想到救人，从来没有想到别人会给我什么样的回报，我也不要别人给我什么回报。”陈贤妹的回答让我们看到了人性的善良，也让我们看到了“雷锋”的身影。

镜头二：《士兵突击》的热映与“钉子精神”

2007 年，一部电视剧迅速在大江南北热播，这就是《士兵突击》。该剧主要描写了士兵许三多在部队的成长经历，这个“笨得像猪”的普通士兵，以其坚忍不拔、积极进取、爱岗敬业最终成长为一名优秀的士兵。“他做每一件小事都像救命稻草一样紧紧抓住，等到有一天我一看，嚯，好家伙，他抱住的已经是可以让我仰望的参天大树了。”这是电视剧中高成对许三多的评价。而许三多所在的“钢七连”的口号就是“不抛弃、不放弃”，这样一句口号随着电视剧的热播也迅速在社会上流传开来。

也就是在这部电视剧热播之前，一份《2005 年中国员工敬业指数调查》也引起了人们的关注。该调查报告显示 20 世纪 80 年代后出生的年轻人尽管初入职场，但却表现得最不敬业。调查报告认为产生这一现象的主观因素之一就是眼高手低、贪图享乐，依赖性强，责任感差，由于他们适应环境的能力差，经受不起挫折，以至于很多企业都不敢重用他们。而2007年一个全球人力资源管理咨询公司发布的“2007全球调查报告”中仍显示：中国只有16%的员工非常敬业，33%的员工部分或非常不敬业，而全球的平均水平为非常敬业占21%，中国员工在全球敬业排名中靠后。

无论是电视剧的热播，还是敬业调查报告的热议，其背后折射出的是当今社会对许三多身上体现的一种精神的认同。这就是在困难面前不畏惧、不退缩，这就是在本职岗位上要爱岗敬业，在坚忍不拔、积极进取中实现自我的提升。无论是许三多的“傻劲”，还是“钢七连”的“不抛弃、不放弃”，其精神实质都是与雷锋的钉子精神相一致的。社会主义市场经济的发展，虽然极大地激发了社会的活力和人们的主观能动性，但另一方面，一些人片面地强调个人选择的自由，把薪水的高低和个人的喜好作为工作的唯一动力，忽视了对职业的敬意，忽视了对岗位的钻研。实际上，市场经济虽然鼓励劳动力的自由流动，但这与雷锋那种干一行爱一行、爱岗敬业的钉子精神并不矛盾。我们仍然需要鼓励劳动者发扬“干一行爱一行”、“爱岗敬业”的职业道德精神，鼓励他们将钉子精神转化为专业精神，从而使他们能够深入地掌握所从事职业、专业的知识和技能，在追求个人职业上完美、一流、卓越的过程中，促进整个社会的向前发展。如果我们每个人也具有不抛弃、不放弃的精神，也像雷锋一样干一行、爱一行、精一行，那么我们就能用钉子精神成就自己的辉煌。

镜头三：奢侈品大国与我们应有的消费观

中国社会科学院发布的《商业蓝皮书：中国商业发展报告（2009—2010）》显示：截至2009年，我国奢侈品消费总额已增至94亿美元，全球占有率为27.5%，并首次超越美国，成为世界第二大奢侈品消费国。该蓝皮书预测，未来5年，我国奢侈品市场将占据全球奢侈品消费额首位。除了奢侈消费外，铺张浪费在我们当前的社会生活中也比较普遍，仅以粮食浪费为例，全国政协常委、中科院院士武维华根据其长期研究发现，我国粮食及其副产品的浪费触目惊心。2007—2008年一年仅餐饮浪费的食物蛋白和脂肪分别是：800万吨和300万吨。据此可以推算，我国消费者仅在规模以上餐馆的餐饮消费中，就最少倒掉了约2亿人一年的口粮！“如果加上集体食堂浪费、个人和家庭的食物浪费以及粮食储藏和运输过程中的浪费等，全国每年浪费的食物总量估计可养活2.5亿到3亿人！”

而人民网大型调查专栏“态度”发布的调查结果《“舌尖上的浪费”调查报告》则显示：城市居民外出就餐时平均每餐浪费的食物价值约占全部食物的13%；商务宴请和政府公务吃喝的浪费现象比例分别为90.4%和88.6%；导致浪费的原因方面，近五成的被访者表示“好面子讲排场”的影响最大，“缺乏经验，点餐过量”是又一重要因素，“怕麻烦”和“别人都不打包”的从众心理也是重要原因。

的确，当今的中国社会，物质产品已经极大丰富，大部分民众已经摆脱了饥饿的困扰，人们有理由选择更高水平的生活方式，如果片面地强调过去那种“新三年，旧三年，缝缝补补又三年”的节约显然已不合时宜。

但是，我们不能忘了，我国是一个资源大国，同时又是一个人均资源占有量较少的发展中国家，我国耕地、淡水、能源、铁矿等重要战略资源的人均占有量均不足世界平均水平的1/2—1/3；我们不能忘了，虽然我国的GDP已赶超日本，成为世界第二，但人均GDP却在世界百位之后；我们不能忘了，中国仍然有1.2亿贫困人口，数千万的低保人群，以及更多的困难群众。“好几年了，我从来没下过馆子，一年中有肉的饭不超过10顿”，甘肃徽县牟坝村村民王义忠的生活状况正是这些困难群众生活的一个缩影。中国人口众多、人均资源紧缺和环境承载力低的现实使得我们必须使经济的发展与人口资源环境相协调，必须反对过度消费、反对铺张浪费。

“历览前贤国与家，成由勤俭败由奢”，《史记》曾记载，殷纣王“以酒为池，悬肉为林，使男女倮相逐其间，作长夜饮”，最终成为历史上因浪费亡国之第一人。因此，韩非子曾提出：“好宫室台榭陂池，事车服，器玩好，罢潞百姓，煎靡货财者，可亡也。”也就是说，浪费将导致统治的覆灭；韩非子还曾说：“人有福则富贵至，富贵至则衣食美，衣食美则骄心生，骄心生则行邪僻而动弃理，行邪僻则身死夭”，也就是说，骄奢将导致个人的败亡。

如果我们将眼光聚焦世界，各国也有很多举措反对铺张浪费。英国，从2011年开始，宣布取消食品销售截止期限，这样可以防止消费者因为销售截止期标签误以为食品过期而造成浪费；韩国，要求客人就餐前先缴纳押金，如出现浪费现象，餐厅不会返还客人押金；德国，规定政府工作人员也不能随便接受吃请，“吃喝标准超过30欧元就算违规”；丹麦，颁布并推行《停止浪费食物条例》，呼吁丹麦人独自外出购物时，肚子饿了不要买东西吃，如需买东西吃，应该选择一个理性购物同伴陪同，以确保点餐时不会过于冲动；日本，早在1999年就通过新的《情报公开法》，要求中央省厅和地方政府全面公开各项费用，包括公务宴请费用，接受社会监督，所有数据均在网上公开。

正因为如此，党的十八大，“坚持节约资源和保护环境的基本国策，坚持节约优先，保护优先，自然恢复为主的方针，着力推进绿色发展，循环发展，低碳发展。”不久前，习近平总书记在新华社一份《网民呼吁遏制餐饮环节“舌尖上的浪费”》的材料上作出重要批示，明确提出浪费之风务必狠刹！而在改进工作作风、密切联系群众的八项规定中也明确提出“要厉行勤俭节约，严格遵守廉洁从政有关规定，严格执行住房、车辆配备等有关工作和生活待遇”。而中央领导人的身体力行，也为我们改进作风作出了很好的榜样。我们还应切实把建设资源节约型、环境友好型社会的要求落实到每个单位、每个家庭、每个个人，“坚持从现在做起、从我做起，从节约每一度电、每一滴水、每一张纸、每一粒粮做起，滴水成河、集腋成裘，使资源节约和环境友好成为13亿中国人的共同价值观和自觉行动”。在这一过程中，雷锋那种勤俭节约、艰苦奋斗的精神则具有了重要现实意义。

镜头之四：“拜金女”现象与我们应有的幸福观

在某个卫视的相亲节目中，一个爱好骑自行车且无业的男嘉宾问女嘉宾：“你喜欢和我一起骑自行车逛街吗？”女嘉宾毫不犹豫地回答：“我更喜欢在宝马里哭。”此言一出，使女嘉宾赢得了“拜金女”的头衔，也迅速地在社会上引发了一片讨论声，赞成者、反对者都有。在这一事件中，人们从最初对婚姻观的争论，很快深入到对幸福观的讨论，有人曾评论说：“一方是不择手段赚取金钱的暴发户，一方是满脑子金钱的‘花瓶’；一方是抱着玩弄的腐化心态，一方是抱着赌博的投机心态。如此之结合，难道还能滋生出‘干净’的环境吗？难道还会有奋斗、向上的思想境界吗？大人如此，小孩又会怎样？”还有人更深刻地指出：“幸福不是豪宅，幸福不是‘宝马’，当豪宅得到时，所能获得的不过是炫耀中的短暂‘幸福’；当‘宝马’不在，只能在回忆中空守寂寞。将幸福寄托于外在的‘物’上，不过是空中楼阁、过眼云烟。我羡慕雷锋，因为他的幸福是寄托在对他人的深沉的爱、炽烈的爱和博大的爱上。”

建立社会主义市场经济体制是中国经济发展和社会进步的必由之路，但同时，市场经济自身的弱点和消极方面也会反映到精神生活中来，而“拜金主义”就是在市场经济中滋生出来的负面观念。所谓拜金主义，就是盲目崇拜金钱，把金钱价值看作最高价值，一切价值都要服从于金钱价值的思想观念和行为。这种价值观起源于资本主义鼓励人类追求自我利益的思想主张，是造成现代社会物欲横流、道德沦丧的根源之一。拜金主义之于个人，可能带来的是“宁可在宝马中哭，也不在自行车上笑”，但真正令人担忧的是如果社会充满了“拜金”思想，将直接影响经济社会的健康发展。“从社会来看，拜金主义盛行的社会必然是一个物欲横流、人情冷漠、尔虞我诈、人人自危的社会，是一个道德沦丧、信仰缺失的社会。经济领域如果任拜金主义泛滥，就会使经济秩序陷入混乱，诚信丧失，就会使诚实劳动得不到回报，使坑蒙拐骗、敲诈勒索者大行其道；政治领域如果盛行拜金主义，我们党和政府就会失去广大人民群众的信任和支持，我们的政权就有得而复失的危险；文化领域如果一切唯金钱至上，整个社会就没有了精神支柱，没有了凝聚力，社会发展就失去意义和价值”，学者的这番论述绝不是危言耸听。因此，我们必须大力消除在发展社会主义市场经济过程中出现的拜金主义，其中重要的一点就是要在全社会树立高尚的价值追求，勇于、善于批判那些腐朽堕落的世界观、人生观、价值观。在这一过程中，雷锋对幸福的看法、对人生的追求则为我们提供了很好的精神资源。

……

总之，一个社会，如果没有精神与信仰的厚度，也难有物质财富的高度。在社会利益关系更加复杂，各种社会矛盾明显增多，发展不平衡、不协调、不可持续的问题依然突出的今天，要解决社会转型过程中所产生的人们心理的失衡和行为的失范，尤为重要的一条是需要我们用崇高的精神去加以引导，加以规范。在这一背景下，发扬雷锋精神，有助于激扬人们心中蕴藏的美好思想品德，匡正道德失范，矫正诚信缺失，让“小悦悦事件”不再发生，让摔倒的老人众人搀扶，让“拜金女”无处容身，让“舌尖上的浪费”不再发生，让我们的家园处处充满友爱与和谐。

雷锋是中国的，也是世界的，雷锋精神必将在中国大地上永远传承。

雷锋精神是时代的，在不同的历史时期，我们阐释和学习雷锋的侧重点不同；同时雷锋精神又是永恒的，因为雷锋精神具有深厚的底蕴，它不仅仅是共产主义远大理想的化身，不仅仅是中国共产党人优秀品质的继承，同时它还体现着中华民族的优良传统和人类共有的文明精华，正是由于雷锋精神所具有的先进性、民族性和世界性，才使其虽经时间的流逝而历久弥新。

20世纪五六十年代，正是我们伟大的祖国开始社会主义大建设的年代，在这一时代背景下出现了一大批英模人物，雷锋就是其中之一。1962年雷锋不幸因公牺牲后，他的事迹很快在神州大地传播开来。当周恩来总理看到报纸上刊登的雷锋事迹后，亲自给人民日报社长吴冷西打去电话，嘱咐要很好地宣传这个典型。毛泽东主席了解了雷锋的事迹后，认为：学习雷锋不是学他哪一两种先进事迹，也不只是学他的某一方面的优点，而是要学他的好思想、好作风、好品德；学习他长期一贯地做好事，而不做坏事；学习他一切从人民的利益出发，全心全意为人民服务的精神。在党的倡导下，学习雷锋迅速在祖国大地开展起来，影响了一大批人，曾被中央军委授予“模范团长”荣誉称号的李国安就曾说：

"我入伍的第二年雷锋同志牺牲了，他的模范事迹和崇高精神对我影响很大。可以说，我从一名普通战士成长为一名军职领导干部，雷锋精神一直感染和激励着我的成长，成为我人生的正确方向。"在这一过程中，涌现出雷锋式好战士刘英俊等一大批优秀典型。此外，更多的"无名英雄"自觉地参与到学习雷锋的热潮中，他们走到哪里，就把好事做到哪里，他们有着共同的名字——"活雷锋"。

20世纪70年代末80年代初，中国社会又一次经历着历史性的巨变，前进的道路已经打开，积蓄的力量喷涌而出。面对十年浩劫给人们思想带来极大混乱的局面，面对改革开放历史新时期的开启，邓小平大声疾呼要学习和发扬雷锋精神。实际上，在60年代毛泽东提出要向雷锋同志学习时，邓小平就曾为雷锋题词："谁愿当一个真正的共产主义者，就应该向雷锋同志的品德和风格学习。"在"文化大革命"结束前的1975年，邓小平受命于危难之际，再度复出，负责主持党中央和国务院的日常工作，开始了对全国各条战线的整顿。他在北京京西宾馆主持召开他复出以来的第一次军委扩大会议，举了一个在群众中流传的政治笑话："过去军队同志坐公共汽车，向来是给老人、带娃娃的妇女让座的，现在有的不让了。有个战士坐车，一位妇女抱着娃，他不让座，娃娃哭了他也不理。旁边有位老人说，雷锋叔叔不在了。"邓小平严肃地告诫大家："从这个事情上是可以看出问题的……这方面的例子多得很，如果认为这些都无关紧要，那是很危险的。"当1977年邓小平再次站在中国政治舞台上时，他又一次讲到雷锋，他说：1975年我讲过"雷锋叔叔不在了"，"四人帮"对此大肆攻击、诬蔑，其实这不是我的话，是老百姓的话。"雷锋叔叔不在了"实际上表明我们党的优良传统和作风丢掉了，针对这种情况，1977年3月5日，《人民日报》、《红旗》杂志、《解放军报》联合发表《向雷锋同志学习》的社论，其中提出："我们开展学习雷锋的群众运动，就要把被‘四人帮’搞乱了的思想纠正过来，就要把他们败坏革命传统、破坏社会风气的污泥浊水扫除干净。我们国家是伟大的社会主义国家，雷锋那种立场坚定，言行一致，公而忘私，奋不顾身，助人为乐，不图名利等高贵品德，应该成为普遍的社会风尚。在各条战线大张旗鼓宣传和发扬雷锋精神，就是对‘四人帮’的有力批判，就能有效地肃清他们的流毒，把资产阶级的歪风克服下去，把无产阶级的正气发扬起来。”这一时期的学雷锋，使得社会风气得到极大好转，人们亲切地称道：“雷锋叔叔又回来了。”

20世纪90年代，面对复杂的国内外形势，江泽民同志再次把雷锋的旗帜高高举起。1990年3月5日，江泽民为雷锋题词：“学习雷锋同志，弘扬雷锋精神。”此后召开的党的十三届六中全会也号召“全体共产党员和党员干部都要带头学习雷锋，一切为群众着想，做人民的公仆”。江泽民认为：党的十一届五中全会以来，我们坚持一个中心、两个基本点，我国的经济实力有了很大提高。但思想政治工作削弱了。我们的改革开放，必须坚持社会主义方向，这就更需要在全国开展向雷锋学习的活动。我们学习雷锋必须抓住实质，“雷锋精神的实质，是全心全意为人民服务，为了人民的事业无私奉献”。

当前，我们正站在新的历史起点上向着新的目标迈进。全面建成小康社会的历史任务、实现中华民族伟大复兴的宏伟目标，迫切需要用伟大的雷锋精神教育广大党员干部、激励全国各族人民。特别是在世界多极化、经济全球化深入发展，科学技术日新月异的今天，各种思想文化交流交融交锋更加频繁，文化在综合国力竞争中的地位和作用更加凸显，维护国家文化安全任务更加艰巨，增强国家文化软实力、中华文化国际影响力要求更加紧迫。在这一时代背景下，党的十七届六中全会提出：“深入开展学雷锋活动，采取措施推动学习活动常态化。”这是顺应广大群众愿望采取的一项重要举措，对于全面建成小康社会奋斗目标、坚持和发展中国特色社会主义、实现中华民族伟大复兴具有重要意义。

对于雷锋精神在各个时期人们诠释和学习表现出来的不同侧重点，有人曾作过如下精彩的概括："20 世纪 60 年代，向雷锋学习的活动席卷全国，'雷锋'成为一切美好事物、真善美的象征。70 年代，就像《学习雷锋好榜样》里唱的那样，'忠于革命忠于党，爱憎分明不忘本……'，'忠诚'和'爱憎分明'备受关注。80 年代，改革开放，百废待兴，'做一颗永不生锈的螺丝钉'的钉子精神，为时代推崇。90 年代，雷锋精神被解释为'全心全意为人民服务，为了人民事业无私奉献'的奉献精神。进入新世纪，雷锋精神也被'感动中国'的平凡人物赋予新的内涵。"

虽然，在各个时代我们学习雷锋的侧重点不同，虽然从我们最初倡导学雷锋至今已有 50 年，但雷锋精神却没有因为时间的流逝和社会的变迁而褪色、弱化。相反，正是随着实践的深入，我们对雷锋精神的认识更为深入，我们最终会发现：雷锋精神之所以能够穿越时空、历久弥新，就是因为它所具有的先进性、民族性和世界性。

雷锋精神之所以具有生命力，是因为它体现了共产主义的价值取向和共产党人的优秀品质。雷锋精神是对共产主义价值取向的生动诠释和体现，其强大的生命力体现着共产主义价值的强大生命力。雷锋曾在日记中写道："我一定听党和毛主席的话，把我的青春献给世界上最壮丽的事业——为人类解放而斗争。"他还曾说："我就是长着一个心眼，我一心向着党，向着社会主义，向着共产主义。"正是因为雷锋树立了共产主义的理想和信念，他才从一个单纯报恩的穷孩子成长为一个伟大的共产主义战士，在平凡的岗位上做出了不平凡的事迹。因此，邓小平为雷锋题词写道："谁想当一个真正的共产主义者就应当向雷锋同志的品德和风格学习。”同时雷锋精神还继承了共产党人的优秀品质，有人做过统计，在《雷锋日记》等各种相关文字留存中，“人民”一词出现过100多次。在雷锋的日记中我们可以读到这样的文字：“吃饭是为了活着，可活着不是为了吃饭。我活着是为了全心全意为人民服务”，“我要把有限的生命，投入到无限的为人民服务之中去”。全心全意为人民服务，这是我们党的宗旨，也是无数共产党人用青春、热血，甚至生命去努力实现的目标。雷锋还从我们党领导革命和建设的实践中，从光荣的革命传统和革命英烈的光辉事迹中直接吸取了营养。中国共产党人在几十年的革命和建设实践中锻造出光荣的革命传统和革命精神，如井冈山精神、长征精神、延安精神以及董存瑞、黄继光等革命先烈，这对雷锋精神的形成有着深刻的影响。“在最困难、最艰苦的工作中，我就想起了黄继光，浑身就有了力量，信心百倍，意志更坚强……我每次外出执行任务或在最复杂的环境中，就想起了邱少云，就能严格地要求自己，很好地遵守纪律。每当我得到福利和享受的时候，就想起了白求恩，就先人后己，把享受让给别人。”在20世纪五六十年代社会主义建设大潮中，也涌现出一大批建设祖国的英雄模范。“向市劳动模范张秀云学习。首先学习她的高度的主人翁责任感，对党对社会主义建设事业的赤胆忠心；学习张秀云同志积极主动、帮助别人、大公无私、舍己为人的共产主义思想和团结群众的优良作风；学习她坚持向群众学习、不断充实自己、谦逊好学的精神。”雷锋在读了张秀云同志的事迹后，作出了如上保证。正是共产主义的远大理想和共产党人的优秀品质，使得雷锋塑造了时代的精神之峰，也使其精神具有强大的生命力和感召力。

雷锋精神之所以具有生命力，是因为它植根于中华民族的优秀文化和历史传统之中。雷锋的人生虽然只有短短22个春秋，雷锋也没有成就惊天动地的伟业和烛照史册的壮举。但为什么“雷锋”这个名字并没有随着时代的远去而褪色，依然感动着我们心田，激励着我们前行？这是因为雷锋不仅仅属于那个时代，在他的身上深深地烙印着中华民族优秀文化传统的印记，在雷锋身上我们总是能够找到那些心灵上的共通，在学习雷锋中我们总是能够实现精神上的升华。从孔子提出的“大道之行也，天下为公”，到孟子主张的“舍身而取义”，从范仲淹的“先天下之忧而忧，后天下之乐而乐”，到顾炎武的“天下兴亡，匹夫有责”，都鲜明地体现出传统文化中为国为民的崇高品质。而雷锋精神也正是继承了这一优良传统，并在马克思主义指导下，使其更具灿烂的光辉。雷锋说：“我活着，只有一个目的，就是做一个对人民有用的人，当祖国和人民处在最危急的关头，我就挺身而出，不怕牺牲。生为人民生，死为人民死。”从中可以看出，雷锋以国家和人民利益为重的高度责任感和高尚的精神境界，既是社会主义主人翁思想的表现，又继承并超越了传统人生哲学的思想境界。中国传统文化还十分强调乐观进取、自强不息的人生态度，如《周易》中的“天行健，君子以自强不息”，《孟子》中的“天将降大任于斯人也，必先苦其心志，劳其筋骨，饿其体肤，空乏其身，行拂乱其所为”，《离骚》中的“路漫漫其修远兮，吾将上下而求索”，等等。雷锋也正是继承了这一优秀文化品质，在面对困难时，不屈不挠，乐观进取，“有人说，人生在世，吃好、穿好、玩好是最幸福的。我觉得人生在世，只有勤劳，发奋图强，用自己的双手创造财富，为人类的解放事业——共产主义贡献自己的一切，这才是最幸福的。”这种坚韧不拔的奋斗意志正是对中国人生哲学优良传统的继承和丰富发展。此外，中国传统文化中所强调的“仁者爱人”原则、“静以修身，俭以养德”的品质等，都在雷锋的身上有着鲜明的体现。雷锋正是这样批判地继承和发扬了中国文化传统中的精华，并将其升华到新的高度，因而得到了广大人民深深的爱戴和崇敬，成了共产主义道德和传统美德的精神象征和杰出代表。

雷锋精神之所以具有生命力，是因为其中凝聚了全人类共同珍视的精神财富。曾经有一个国际友人在参观了雷锋纪念馆后，题写了这样一句话：“雷锋属于全世界。”类似这名记者的感受不是个别的，例如，曾有美联社等 4 名西方记者到抚顺雷锋纪念馆进行采访，在了解完雷锋的事迹后，他们信服地说：“雷锋是真实的，雷锋精神是人类的共同财富。”而日本一家公司职员参观雷锋事迹展览后激动地说：“我回去后要告诉青年朋友们，要像雷锋那样生活。”雷锋，无论是在越南、泰国，还是在法国、日本等都有着众多的“粉丝”，美国还有一个“学雷锋研究会”，并曾派人到中国购买《雷锋日记》；而在中国的一个日资企业总经理曾说:“学雷锋使我找到了日中文化的对接点。雷锋是道德修养好的青年，他全心全意为人民服务及工作上的钉子精神，不仅中国人要学习，我们日本人和世界各国人民都应该学习。”雷锋的事迹虽然是发生在中国大地上，但却能引起世界的如此关注，雷锋精神能够超越国界、超越社会制度、超越信仰，在不同民族、不同肤色、不同语言的世界人民心中产生了共鸣，这其中的原因在于：雷锋精神蕴涵着人类社会共同的价值取向。无论是尊老爱幼、团结友爱、助人为乐，还是志向远大、勤奋好学、爱岗敬业，以及自强不息、见义勇为、诚实守信等，都是人类社会共同珍视的美德，都能激起世界各国人民的共鸣。例如，在雷锋家乡纪念馆的留言簿上，法国女大学生施兰曾留言：“如果我们每个人都像他这样胸怀开阔，坦荡无私，用一颗爱心关心全人类的命运，那我们这个世界将会变得多么美好！”英国人詹姆斯则写道:“雷锋精神就像一滴特殊的油，能覆盖整个海洋，使世界变得更加平静。”正是由于雷锋精神彰显了人类共同价值，所以其才具有了永恒价值，它不仅属于现代，也属于未来。

雷锋精神所具有的先进性、民族性和世界性，使其能够在新的历史条件下焕发出新的时代气息。

雷锋具有热爱党、热爱祖国、热爱社会主义的崇高理想和坚定信念。雷锋正是以这种崇高的理想和坚定的信念，才自觉把个人的追求和奋斗同党的事业、国家的命运、民族的前途联系起来，在为祖国的繁荣发展贡献自己的智慧和力量的同时，也铸就了人生的辉煌。

雷锋具有服务人民、助人为乐的奉献精神。雷锋的幸福是真幸福，是大幸福，因为雷锋的幸福是建立在为人民服务的基础上，这是雷锋精神的一个典型的标识，也是我们今天仍然要弘扬的一种崇高品德。

雷锋具有干一行爱一行、专一行精一行的敬业精神。雷锋在短短的一生中，虽然从事过多种工作，但国家的需要就是他的方向，组织的号召就是他的目标，在每一个岗位上，雷锋都以踏踏实实、爱岗敬业、精益求精赢得了人们的赞许，也开创了自己的未来。

雷锋具有锐意进取、自强不息的创新精神。雷锋总是把工作和学习当做快乐，他像一颗螺丝钉，钻进去、吃透它，在工作中提升自己，在学习中丰富自己。这种刻苦学习、锲而不舍、锐意进取的精神仍然是我们学习的榜样。

雷锋具有艰苦奋斗、勤俭节约的创业精神。这种精神既是民族传统的延续，也是共产党人优良作风的体现，同时也是社会发展的需要。雷锋身上勤俭节约、艰苦奋斗的作风在当前仍需要继承和发扬。

“雷锋精神”能够跨越半个世纪而屹立于新时代，其原因不仅仅是其所具有的深厚精神积淀，也不仅仅是每年的“学雷锋日”，同时也是我们在时代的前行中，能够根据社会发展的需要而以一种创新精神去实践、去拓展学习雷锋的形式。50多年学习雷锋的历史，给我们留下了太多的宝贵财富，而当下我们需要更符合时代特点和人民需求的方式去光大雷锋精神。

学习雷锋，首先要求每一个党员身体力行。雷锋作为一名共产党员，始终坚持共产主义远大理想，时刻牢记全心全意为人民服务的根本宗旨，刻苦学习，忘我工作，报效祖国，无私奉献，完美地践行着党的先进性，是保持党的先进性、发挥党员先锋模范作用的表率。在新形势下，我们每个党员要大力弘扬雷锋精神，学习雷锋精神，以实际行动保持和发展党的先进性，从而使我们党始终走在时代前列，始终成为中国特色社会主义事业的坚强领导核心。

学习雷锋，还需要我们将精神引领与制度完善相结合，激励人们学习雷锋的热情，保障助人为乐者的合法权益。据报道，4 个美国人中就有一个义工，即我们所称的“志愿者”，其强调的是“自愿、利他、不计报酬”。美国之所以义工多，跟“慈善的撒玛利亚”法律原则防止了“专业碰瓷”对义工精神的伤害有关。所谓“慈善的撒玛利亚”主要是指关于在紧急状态下，施救者因其救助行为所造成的民事损害时责任免除的法律制度。虽然这一法则在美国各州的具体法律细节上存在差别，但其根本的原则是一致的，即任何人，如果本着诚信的心态，对在事故或其他紧急情况下遭受身体伤害的受害者施以紧急的救助，那么他就对在此过程中因其过失的行为而导致的损害免责。在我国当前的社会生活中，学雷锋有时会遭遇到“英雄流血又流泪”的尴尬。“如果现在社会，大家觉得做好事有一种危险，还会继续学雷锋吗？还是会觉得心寒呢？这样带来的危害会不会很大？”在或亲历或耳闻因救助倒地老人反被“碰瓷”的事件后，人们不禁发出了这样的疑问。我们也看到了在深圳、武汉、福州等地的老人摔在地上无人敢施援手，甚至造成老人死亡的个案。因此，弘扬雷锋精神需要进行相应的制度建设，以弘扬正义，确保“英雄流血不流泪”。在完善相关法律制度的过程中，我们还必须重视精神引领的作用，通过举办报告会、出版图书、拍摄电影、传唱歌曲、创办网站等多种形式，营造学习雷锋的浓厚氛围；通过在人民群众中发现不同领域、不同类型的学习雷锋典型，把雷锋精神人格化、具体化，从而将抽象的价值观念变成来自群众、有血有肉、真实可信的模范人物，使雷锋精神更加贴近实际、更富时代气息，更能打动人心、引领风尚，让人民群众可信、可亲、可学。

学习雷锋，还应注重发挥人们的自愿精神和自觉意识，充分调动各种社会资源和人们的积极性。改革开放30多年来，中国的志愿服务从无到有、从小到大，从青年率先行动扩大为全民参与的事业，这成为学习和发扬雷锋精神的重要形式。世界志愿者日是每年的12月5日，而在中国，团中央、中国青年志愿者协会决定从2000年开始，把每年的3月5日“学雷锋活动日”命名为“中国青年志愿者服务日”。从“学雷锋活动日”到“中国青年志愿者服务日”，这不仅仅是名称的改变，更是一种精神的延续和升华。志愿者活动是社会主义市场经济条件下学雷锋活动的丰富和发展，是将学雷锋活动经常化。共青团辽宁省委青年志愿者工作部部长高冰就认为：中国现代意义上的志愿服务，是长期开展的学雷锋活动的发展和延续。志愿者所倡导的“奉献、友爱、互助、进步”的志愿精神与雷锋精神在本质上是一致的，都是以服务社会、服务他人为根本出发点。国家行政学院决策咨询部丁元竹教授则说：雷锋精神就是一种志愿精神，从20世纪60年代初开始掀起的学雷锋活动，影响深远，雷锋精神鼓舞了一代又一代的中国人。志愿者行动是对全民学雷锋活动的一种继承、创新和发展。所谓志愿者，联合国将其定义为“不以利益、金钱、扬名为目的，而是为了近邻乃至世界进行贡献的活动者”。在我国，志愿者被定义为：“自愿参加相关团体组织，在自身条件许可的情况下，在不谋求任何物质、金钱及相关利益回报的前提下，合理运用社会现有的资源，志愿奉献个人可以奉献的东西，为帮助有一定需要的人士，开展力所能及的、切合实际的，具一定专业性、技能性、长期性服务活动的人。”当下，我国志愿服务事业逐渐形成了“党政统筹、团青示范、社团管理、公民参与、社会支持、法律保障”的中国特色社会志愿服务体系。这些志愿者们既平凡又伟大，无论是在从汶川、玉树的抗震救灾的前沿，还是在北京奥运会、上海世博会、广州亚运会的赛场，无论是关爱农民工子女，还是服务西部计划，在人们需要的地方总能看到他们的身影。可以说，志愿者的行动正是对雷锋精神继承与弘扬的时代体现。

雷锋，擎起了一团火，点燃了我们心中对崇高信仰的追求，对无边大爱的渴望，对永不言弃的信心，对艰苦奋斗的共鸣……在雷锋身后，是无数的跳动的火焰，照亮了民族前行的道路，也锻造出中华民族在世界上的醒目标识。

雷锋，铸就了一座峰，这是一座共产党人理想信念之峰，是一座中华民族优秀文化之峰，是一座人类共有文明之峰……在雷锋身后，耸立起连绵不绝的群峰，山色虽不同，血脉永相传，他们共同构筑起中华民族和谐、美好、繁荣的家园。

让我们接过这团火，让我们托起这座峰，让我们在拥抱美好明天中迎接民族的伟大复兴!

后记

雷锋精神已成为崇高思想和优秀品质的结晶，集中体现了中华民族的优良传统，反映了社会主义和共产主义的价值观念和行为准则，是中华民族美德的精神雕塑，凝聚着人类共同珍视的时代精神的精华。中华民族走向复兴，实现伟大的中国梦需要雷锋精神；建设社会主义核心价值体系和中华民族共有精神家园，需要雷锋精神的光大发扬。

在毛泽东同志“向雷锋同志学习！”题词发表50周年之际，我们组织编写了《雷锋精神》一书。本书由黄宏、程卫华任主编并拟定框架结构。黄宏、程卫华、韩文琦、王喆、张金龙、曾曦、江圣、朱玉婷、黄京、邹帆参加本书编写。编写中我们参阅了部分专著和论文，借鉴和吸收了相关成果，谨向作者致以诚挚的谢意！由于作者水平所限，书中疏漏仄误定然不少，恳请指正！

作者

2013年3月5日

图书在版编目（CIP）数据

雷锋精神 / 黄宏、程卫华主编.
-北京：学习出版社，2013.5
ISBN 978-7-5147-0087-9

Ⅰ. ①雷… Ⅱ. ①黄… ②程… Ⅲ. ①雷锋精神—研究
Ⅳ.①D648

中国版本图书馆CIP数据核字(2013)第069082号

雷锋精神
LEIFENG JINGSHEN
黄宏 程卫华 主编

责任编辑：李 岩 张 俊
技术编辑：周媛卿
整体设计：月亮工舍

出版发行：学习出版社
北京市崇外大街11号新成文化大厦B座11层（100062）
010-66063020 010-66061634
网 址：http://www.xuexiph.cn
经 销：新华书店
印 刷：北京市密东印刷有限公司

开 本：710毫米×1000毫米 1/16
印 张：14.25
字 数：178千字
版次印次：2013年5月第1版 2013年5月第1次印刷

书 号：ISBN 978-7-5147-0087-9
定 价：26.00元

如有印装错误请与本社联系调换